होमियोपैथी द्वारा रोगों का इलाज

सभी प्रकार के रोगों के निदान हेतु
सर्वोत्तम चिकित्सा-विधि

लेखक
रमेश चन्द्र शुक्ल

वी एण्ड एस पब्लिशर्स

प्रकाशक

वी एण्ड एस पब्लिशर्स

F-2/16, अंसारी रोड, दरियागंज, नई दिल्ली-110002
☎ 23240026, 23240027 • *फैक्स:* 011-23240028
E-mail: info@vspublishers.com • *Website:* www.vspublishers.com

क्षेत्रीय कार्यालय : हैदराबाद
5-1-707/1, ब्रिज भवन (सेन्ट्रल बैंक ऑफ इण्डिया लेन के पास)
बैंक स्ट्रीट, कोटी, हैदराबाद-500 095
☎ 040-24737290
E-mail: vspublishershyd@gmail.com

शाखा : मुम्बई
जयवंत इंडस्ट्रिअल इस्टेट, 2nd फ्लोर - 222,
तारदेव रोड अपोजिट सोबो सेन्ट्रल मॉल, मुम्बई - 400 034
☎ 022-23510736
E-mail: vspublishersmum@gmail.com

फ़ॉलो करें:

हमारी सभी पुस्तकें **www.vspublishers.com** पर उपलब्ध हैं

© **कॉपीराइट:** वी एण्ड एस पब्लिशर्स

संस्करण: 2017

भारतीय कॉपीराइट एक्ट के अन्तर्गत इस पुस्तक के तथा इसमें समाहित सारी सामग्री (रेखा व छायाचित्रों सहित) के सर्वाधिकार प्रकाशक के पास सुरक्षित हैं। इसलिए कोई भी सज्जन इस पुस्तक का नाम, टाइटल डिजाइन, अन्दर का मैटर व चित्र आदि आंशिक या पूर्ण रूप से तोड़-मरोड़ कर एवं किसी भी भाषा में छापने व प्रकाशित करने का साहस न करें, अन्यथा कानूनी तौर पर वे हर्जे-खर्चे व हानि के जिम्मेदार होंगे।

मुद्रक: रेप्रो नॉलेजकास्ट लिमीटेड, ठाणे

प्रकाशकीय

'वी एंड एस पब्लिशर्स' अनेक वर्षों से समाज के प्रत्येक वर्गों के लिये आत्मविकास, सामान्य ज्ञान, साहित्य तथा चिकित्सा सम्बन्धी पुस्तकें प्रकाशित करते आ रहे हैं। इसी क्रम में जब हमारा ध्यान होमियोपैथी चिकित्सा की ओर गया तो हमने इस विषय पर जनसामान्य की भलाई के लिए **'होमियोपैथी द्वारा रोगों का इलाज'** पुस्तक प्रकाशित किया है।

आज की आधुनिक जीवनशैली वास्तव में कई तनावजनित रोगों को जन्म दे रही है। होमियोपैथी में इन रोगों का इलाज अपेक्षाकृत आसान और कम खर्च में संभव होने के कारण यह आम लोगों के ज्यादा अनुकूल भी है। यों तो बाजार में होमियोपैथी चिकित्सा की कई पुस्तकें उपलब्ध हैं, मगर प्रस्तुत पुस्तक में सर्दी, जुकाम, बुखार, मधुमेह रक्तचाप, हृदय रोग, कैंसर, चर्म रोगों, मुहाँसे, फोड़े-फुन्सियाँ एवं शिशु रोगों सम्बन्धी चिकित्सा के विवरण सहज और आसान हिन्दी भाषा में दिये गये हैं। होमियोपैथी के बारे में सभी के लिये यह जानना आवश्यक है, कि यह चिकित्सा पद्धति एलोपैथी चिकित्सा से बिलकुल ही भिन्न है। होमियोपैथी इलाज में एलोपैथी की तरह न तो किसी प्रकार का साइड इफेक्ट होता और न ही इसके इलाज के पहले किसी रोगी को किसी महँगे टेस्ट की आवश्कता पड़ती है। इसलिए होमियोपैथी आमजनों के लिये अधिक सुविधाजनक एवं उपयोगी है।

होमियोपैथी के लेखक स्वामी रमेश चंद्र शुक्ल की दो पुस्तकें Yogasanas and Pranayams एवं Reiki and Alternative Therepies हमारे प्रकाशन द्वारा पूर्व में प्रकाशित की जा चुकी हैं, जिसे पाठकों की ओर से भरपूर सराहना मिली है।

हमारी ओर से प्रस्तुत पुस्तक को त्रुटिरहित रखने का यथासंभव प्रयास किया गया है। फिर भी किसी प्रकार की भूल-सुधार के लिये आप हमारे ई मेल पर इसकी सूचना दे सकते हैं, ताकि आगामी संस्करण में भूल-सुधार किया जा सके।

नोट : पाठकों को हमारा सुझाव है कि पुस्तक में बताये गये किसी भी दवा को प्रयोग में लाने के पूर्व होमियोपैथी के किसी योग्य एवं अनुभवी चिकित्सक से इसके बारे में अवश्य सलाह लें।

विषय-सूची

1. होमियोपैथी एक परिचय 7
2. पेट सम्बन्धी रोग 11
3. मुख के रोग 24
4. गला (Neck) 25
5. नाक (Nose) 30
6. दाँत (Tooth) 31
7. कान (Ear) 32
8. आँख (Eye) 33
9. सिर (Head) 35
10. ज्वर (Fever) 37
11. फेफड़ा 39
12. मूत्र रोग 41
13. त्वचा के रोग 44
14. मोटापा (Obesity) 46
15. पुरुष प्रजनन अंगों के रोग 47
16. स्त्री रोग (Female Diseases) 50
17. हड्डियों के रोग और जोड़ों के दर्द (Bones, Jonts and Muscular Pains)...55
18. हृदय रोग (Heart Diseases) 60

19. मधुमेह (Diabetes) 63
20. बच्चों के रोग (Diseases of Children) 65
21. मानसिक रोग (Mental Diseases) 67

1

होमियोपैथी एक परिचय

जर्मनी के सैक्सनी प्रदेश के मेसेन नामक ग्राम में सन् 1755 ई. में होमियोपैथी के विज्ञान के आविष्कारक महात्मा हैनिमैन का जन्म एक गरीब परिवार में हुआ था। उन्होंने सन् 1779 ई. में 24 साल की अवस्था में एम.डी एलोपैथी की डिग्री प्राप्त की तथा लगभग 10 वर्षों तक एलोपैथी की प्रैक्टिस भी करते रहे, किन्तु उन्होंने इस उपचार को अपूर्ण तथा दोषपूर्ण समझकर इसका परित्याग कर दिया तत्पश्चात् वे पुस्तक प्रणयन तथा रसायन शास्त्र के अध्ययन एवं उन्नति की ओर आकृष्ट हुए। अनेक भाषाओं में पुस्तकों के अनुवाद करने से आपकी प्रसिद्धि बढ़ने लगी। 1790 में डाक्टर कालेन की लिखी हुई अंग्रेजी 'मेटेरिया मेडिका' का जर्मन भाषा में अनुवाद करते समय 'सिनकोना' नामक दवा की व्याख्या देखकर उन्होंने यह दवा स्वयं सेवन की, जिसके परिणामस्वरूप उन्हें कम्प ज्वर हो गया। उन्होंने यह निष्कर्ष निकाला कि किसी भी दवा में रोग उत्पन्न करने और उसका नाश करने की शक्ति होती है। इस दृष्टि से उन्होंने बहुत सी दवाओं का अपने ऊपर भी प्रयोग किया और अपनी चिकित्सा के आविष्कार का मूल सूत्र निर्धारित किया जो निम्न है।

किसी स्वस्थ शरीर में किसी एक दवा का बार-बार प्रयोग करते रहने पर दवा के कुछ लक्षणों से कितने ही रोग सदृश्य लक्षण प्रकट होते हैं यदि किसी बीमारी में वे सब लक्षण प्रकट हो, तो उस रोग में उसी दवा की सूक्ष्म मात्रा प्रयोग कर जो चिकित्सा की जाती है उसे ही होमियोपैथी चिकित्सा कहते हैं।

सिद्धान्त : Simla- Simibus Curantur अर्थात् समः सम शमयति। 'सदृश विधान' शब्द कहने से यह बोध होता है कि स्वस्थ शरीर में यदि विष की मात्रा में कोई दवा सेवन कर ली जाये तो रोग बताने वाले कितने ही लक्षण पैदा हो जाते हैं और ये ही लक्षण उस दवा के भी हैं। जब किसी रोग में ये सब लक्षण दिखायी दे तो उसमें शक्तिकृति की हुई दवा प्रयोग करने पर उस रोग में आराम मिल जाता है। होमियोपैथिक विज्ञान स्वीकार करता है कि रोग स्थूल शरीर में नहीं, बल्कि सूक्ष्म जीवनी शक्ति में होता है। स्थूल शरीर में जो रोग के लक्षण

दिखायी देते हैं, वे मूल रोग का परिणाम होते हैं। मूल रोग के स्तर तक पहुँचने के लिए सूक्ष्म औषधि का होना आवश्यक है, यदि औषधि स्थूल होगी तो वह सूक्ष्म रोग को नियन्त्रित नहीं कर सकती है।

रोग का विकास अन्दर से बाहर की ओर होता है, अत: रोग की निवृत्ति का क्रम भी इसी दिशा में होना चाहिए।

यदि बाह्य औषधियों के प्रयोग से स्थूल शरीर पर स्थित लक्षणों को दूर करने का प्रयास किया गया तो रोग निवृत्ति का अप्राकृतिक क्रम हो जायेगा इससे रोग के बढ़ने की ही सम्भावना बनी रहेगी।

इस प्रकार होमियोपैथी का मूल सिद्धान्त यह है कि जो दवा स्वस्थ व्यक्ति में विकृतियाँ उत्पन्न कर सकती है, वही किसी रोग के कारण अस्वस्थ व्यक्ति में दिखायी दे तो उसी दवा को सक्षम बनाकर देने से उन विकृतियों की निवृत्ति की जा सकती है। इसका अर्थ यह हुआ कि जो दवा शरीर को बिगाड़ने की सामर्थ्य रखती है, वही शरीर को पूर्णतया स्वस्थ भी बना सकती है।

होमियोपैथिक दवा इतनी सूक्ष्म होती है कि इससे उत्पन्न हुआ रोग शरीर में स्थायी रूप से नहीं रह पाता, बल्कि मूल रोग को अपने अन्दर समाहित करने के पश्चात् स्वयं भी नष्ट हो जाता है इसलिए रोगी किसी नये रोग से नहीं जुड़ता है। इसके विपरीत एलोपैथिक दवा से उत्पन्न नया रोग स्थूल प्रकृति का होता है, इसलिए उसमें अपने आप नष्ट होने की सामर्थ्य नहीं होती है। मूल रोग तो ज्यों का त्यों बना रहता है। इसके अतिरिक्त एक नया रोग और उत्पन्न हो जाता है, जिससे रोगी पहले से भी ज्यादा अस्वस्थ दिखायी देता है।

होमियो चिकित्सकों के लिए आवश्यक निर्देश

1. किसी भी बीमारी की चिकित्सा करते समय रोगी के धातुगत लक्षण मानसिक लक्षण तथा रोग के लक्षणों के साथ जिस दवा के लक्षणों का सबसे अधिक समानता हो, उस दवा का उस रोग में प्रथम प्रयोग करना चाहिए।

2. लेखक या मुद्रक किसी भी तेज या जटिल रोगों की चिकित्सा की सलाह नहीं देता है, अतएव किसी प्रकार के वाद-विवाद या दुर्घटना के लिए वे स्वयं जिम्मेदार होंगे।

3. कुछ दवाओं को छोड़कर प्राय: सभी दवायें हानिरहित एवं प्रभावशाली हैं। होमियोपैथिक दवायें शिशु, युवा तथा बुजुर्ग एवं स्त्रियों के लिए समान रूप से लाभदायक होती हैं फिर भी रोग के लक्षण समझ में न

आने पर उन्हें अपने वरीय चिकित्सक से उचित सलाह-परामर्श के बाद ही लेना चाहिए।

4. कैम्पर को सभी दवाओं से अलग रखें तथा याद रखें कि कास्टिकम से पूर्व या पश्चात् फास्फोरस का प्रयोग वर्जित है। कार्बोवेज ड्रासेरा, लाइकोपोडियम, लैकेसिक का भी उपयोग बार-बार न करें।
5. औषधियों को धूल, धुआँ एवं गन्ध वाली वस्तुओं से दूर रखें।
6. निमोनिया की उग्र अवस्था या रोग की बेचैनी में, बच्चों में आर्सेनिक का प्रयोग न करें।
7. तेज ज्वर में स्पाइजेलिया और नेट्रमम्यूर का भी प्रयोग न करें।
8. सल्फर के पूर्व कल्केरिया कार्व और सल्फर के बाद लाइकोपोडियम का प्रयोग न करें।
9. किसी भी दवा के प्रतिक्रिया (रिएक्शन) करने पर नक्सबोमिका 30 या कैम्फर का प्रयोग करें।
10. आपने जिस भी दवा का प्रयोग किया है, उसे अपने चिकित्सक को अवश्य बता दीजिए ताकि उसे दवा के अगले चुनाव में आसानी हो और रोगी की हालत और नहीं बिगड़े।
11. यदि किसी दवा की 2-3 मात्राओं से रोग में कमी मालूम पड़े तो जब तक उस दवा का प्रभाव समाप्त न हो जाये यानी कि जब तक उस दवा के प्रभाव से साफ-साफ फायदा होता दिखायी देता रहे, तब तक उस दवा की दूसरी मात्रा का प्रयोग नहीं करना चाहिए और न ही कोई दूसरी दवा देनी चाहिए।
12. किसी औषधि का सेवन करते ही अगर किसी पुरानी बीमारी के सारे लक्षण गायब हो जाये तो समझना चाहिए कि दवा का चुनाव ठीक नहीं हुआ है और इस दवा से वह रोग ठीक नहीं होगा।
13. यदि किसी दवा के प्रयोग करने पर रोग बढ़ जाये तो यह समझना भूल होगी कि दवा का चुनाव ठीक-ठीक नहीं हुआ है। ऐसे समय 2-4 दिन दवा बन्द रखने पर बढ़े हुए लक्षण अपने आप कम होने लगते हैं और कुछ दिन इन्तजार करने पर रोग भी धीरे-धीरे ठीक होने लगता है।
14. रोगी के लक्षण के साथ दवा के लक्षण मिल जाने पर भी जब चुनी हुई दवा से फायदा या स्थायी लाभ न हो तो उस समय दवा को एकाएक न बदलकर केवल उस दवा की शक्ति में ही बदलाव करने से रोगी

को फायदा हो सकता है। प्रत्येक बार केवल शक्ति को ही बदल कर देने से भी लाभ होने लगेगा। यहाँ तो यह देखा गया है कि पानी में मिली दवा को रोज सवेरे सेवन करने के समय शीशी का पेंदा हाथ के ऊपर पाँच-छह बार जोर-जोर से ठोक लेना चाहिए इससे भी शक्ति में परिवर्तन होने से रोगी को अधिक लाभ होता है।

15. पुरानी जटिल बीमारियों की चिकित्सा करते समय यदि साधारण रोग के लक्षणों पर अधिक ध्यान न रखा जाये तो भी कोई विशेष नुकसान नहीं होता है, पर रोग का मूल कारण अर्थात् शरीर में कौन-सा विष छिपा हुआ है और वह कहाँ से पैदा हुआ है, चिकित्सक को सर्वप्रथम इस पर ध्यान देना चाहिए।

16. दवा सेवन करते समय पान के साथ चूना, सोडा लेमिनेड सिरका या तीखे पदार्थों को छोड़ दें अथवा दाँतों या मुख को अच्छी तरह साफ करके ही दवा की खुराक लेनी चाहिए।

17. आयुर्वेदिक या एलोपैथिक चिकित्सा के बाद यदि कोई रोगी होमियोपैथी चिकित्सा कराने आये तो पहले पहल 6ठी शक्ति से और होमियोपैथी से छोड़े हुए रोगी को 30वीं शक्ति से चिकित्सा प्रारम्भ करनी चाहिए।

2

पेट सम्बन्धी रोग

पेट सम्बन्धी रोग तथा उपचार

हम सभी जानते है कि सभी प्रकार के दोषों और विकारों का उत्पत्ति स्थल हमारा पेट ही है और हमारे पेट के स्वास्थ्य पर ही शरीर की समस्त प्रणालियों तथा अवयवों का स्वास्थ्य भी अवलम्बित है। यदि हमारा पेट ठीक रहेगा तो हमारा स्वास्थ्य भी ठीक रहेगा और यदि हमारा पेट खराब है तो हम सभी रोगों को निमन्त्रण जाने या अनजाने में देने लगते हैं। पेट ठीक होने पर ही भोजन का भलीभाँति पाचन तथा अवशोषण होता है और शरीर के सभी अवयवों में स्वस्थ और अमृत जैसा पोषण पहुँचने लगता है। पेट के खराब होने पर वही आहार जहर में परिवर्तित हो जाता है। ऐसा विषाक्त पोषण हमारे सभी अंगों को धीरे-धीरे रोगी बनाने लगता है। यदि हमारा पेट स्वस्थ रहे तो हमारे शरीर के सभी अवयव एवं सप्त धातु- रक्त, मांस, अस्थि, मेदमज्जा, वीर्य तथा ओज, हृष्ट-पुष्ट, सशक्त एवं स्वस्थ होकर हमें शक्तिवान् और रोगमुक्त बनाने लगते हैं।

आधुनिक चिकित्सा की विभिन्न पद्धतियों में पेट के रोगों का सही और प्रभावी निदान नहीं है। केवल होमियोपैथी ही एक ऐसी चिकित्सा पद्धति है, जिससे हमें पेट सम्बन्धी समस्त बीमारियों के सम्बन्ध में उचित मार्गदर्शन एवं इलाज का विवरण उपलब्ध है। अन्य चिकित्सा पद्धतियों में पेट के रोगों को कुछ देर के लिए दबा तो देती है जिससे कुछ देर के लिए राहत मिल जाती है, किन्तु उनका स्थायी इलाज नहीं करती है और बाद में दबा हुआ रोग घातक जीर्ण और चिरकालीन (क्रोनिक) के रूप में सामने आता है। परन्तु होमियोपैथी की चिकित्सा दमनात्मक नहीं है बल्कि अपनयनमूलक, क्यूरेटिव एलिमिनेटिव तथा पुनर्जीवन प्रदान करने वाली संजीवनी की तरह होती है। ऐसी विषम परिस्थितियों में होमियोपैथी की दवाइयों की माँग उत्तरोत्तर बढ़ती जायेगी ऐसा मेरा दृढ़ विश्वास है। इसकी सहजता और सरलता के कारण कोई भी व्यक्ति आसानी से बहुत

अधिक धन व्यय किये बिना अपना उपचार कर सकता है। यद्यपि जटिल रोगों में उसे विशेषज्ञ द्वारा उपचार लेना भी अत्यन्त आवश्यक होता है।

इस सम्बन्ध में हमें यह भी स्मरण रखना होगा कि होमियो चिकित्सा स्वास्थ्य का विज्ञान है। जबकि अन्य सभी प्रकार की औषधि चिकित्सा पद्धतियाँ रोग का विज्ञान है। इसी कारण इन प्रचलित औषधि चिकित्सा पद्धतियों में स्वास्थ्य की अपेक्षा निदान पर ज्यादा बल दिया जाता हैं। इन चिकित्सा पद्वतियों में रोग का उपचार किया जाता है, जबकि होमियोपैथी चिकित्सा में रोगी का उपचार होता है और मूल कारण को दूर किया जाता है। औषधि चिकित्सा पद्धतियों में रोगी को अनेक दवायें प्रयोग हेतु दी जाती है। जिनसे उसकी रोग-प्रतिरोधक क्षमता अथवा जीवनी शक्ति कम हो जाती है। ऐसी स्थिति में उसे भविष्य में पुनः रोगी बनने की सम्भावना भी बनी रहती है। इसीलिए यह कहावत ठीक ही है कि 'ज्यों-ज्यों दवा की मर्ज बढ़ता गया' परन्तु ऐसी कोई परिस्थिति होमियो चिकित्सा के अन्तर्गत उत्पन्न नहीं होती है। हम रोग के परीक्षण की अपेक्षा व्यक्ति के परीक्षण को ज्यादा महत्त्व देते हैं।

पेट सम्बन्धी रोग तथा उपचार

पेट व पाचन के रोगों में निम्नलिखित रोग प्रमुखता से पाये जाते हैं-

1.	अपच (Dyspepsia)	2.	दस्त (Diarrhoea)
3.	कब्ज (Constipation)	4.	पेट दर्द (Abdominal Pain or Abdomanalgia)
5.	अम्लता (Acidity, Gastritis)	6.	उल्टी (Vomiting)
7.	आव पेचिस (Dysentery, Colitis)	8.	पेट के घाव (Ulcer)
9.	पीलिया (Jaundice)	10.	बवासीर (Piles)
11.	भगन्दर (Fistula of Rectum)	12.	अपेंडिक्स की पीड़ा (Appendicitis)
13.	हर्निया (Hernia)	14.	काच निकलना (Prolapse of Rectum)
15.	पित्त की थैली में पथरी (Gal Bladder Stone)	16.	कृमि (Worms)

इस प्रकार पेट सम्बन्धी रोगों में उपरोक्त रोग प्रमुख हैं। इन रोगों का विवरण तथा उपचार निम्न है।

1. अपच (Dyspepsia)

भोजन पाचन क्रिया की गड़बड़ी ही अपच या बदहजमी है। पेट फूलना, कब्ज, डकार आना बार-बार दस्त आना, छाती या गले में जलन पेट में भारीपन, भोजन के बाद पेट में दर्द तथा सिरदर्द आदि इसके प्रधान लक्षण है। यह रोग प्राय: घी और तेल की बनी चीजों का अधिक मात्रा में खाना, बिना चबाये भोजन निगल जाना तथा बर्फ, शरबत, चाय, कॉफी अधिक मात्रा में तथा बार-बार पीने या खाने से होता है।

उपचार

(a) **नक्सवामिका 30**- भोजन के पश्चात् पाचन स्थली में भार और दर्द का महसूस होना, पेट फूलना, कच्ची डकारें आना, कलेजे में जलन भोजन के बाद नींद व आलस्य आना, बार-बार मल त्याग करने की इच्छा होना।

(b) **नेट्रमम्यूर 12X**- आलू मैदा की बनी भारी चीजों के खाने से तथा अजीर्ण रोग में इस दवा को देने से विशेष लाभ होता है।

(c) **पल्सेटिला 30**- सिर घूमना, मितली, सूखी जीभ, बार-बार पतला या आंव मिला दस्त, मुँह का स्वाद नमकीन सा होने पर।

(d) **लाइकोपोडियम 200**- नीचे की ओर वायु निकलना, पढ़ने-लिखने में अधिकता के कारण तथा अपच होने के कारण।

(e) **कार्बोवेज 30**- ऊपर की ओर वायु का निकलना पुराने बदहजमी में तथा बूढ़ों में अपच होने की दशा में यह अधिक लाभप्रद दवा मानी गयी है।

(f) **सिपिया 3**- पुराने अजीर्ण रोग में विशेषकर जरायु रोग होने पर यह दवा अत्यन्त उपयोगी होती है।

2. दस्त (Diarrhoea)

बार-बार बहुत ज्यादा परिणाम में पतले दस्त आने को अतिसार या दस्त कहते हैं। इस रोग की पुरानी अवस्था संग्रहणी कहलाती है। गर्मी के दिनों में बहुत गर्मी और जाड़े के दिनों बहुत जाड़ा लगने, उपवास, शारीरिक या मानसिक श्रम, सड़ी-गली चीजों के खाने से यह रोग होता है।

पहले साधारण दस्त होते हैं बाद में पतले दस्त होने लगते हैं। उसमें कफ या आंव जैसा पदार्थ अथवा खायी हुई चीजें ज्यों की त्यों मिली हुई दिखायी पड़ती है। दस्तों का रंग कभी हरा, काला, मटमैला रहता है। बार-बार आने वाले

दस्तों के कारण रोगी बहुत कमजोरी महसूस करने लगता है। इसकी दवायें तथा चिकित्सा निम्न हैं-

उपचार

(a) **नक्सवामिका 30**- मैले, हरे या काले रंग के दस्त और सुबह और पिछली रात्रि में दस्तों का बढ़ना बार-बार वेग होने पर भी खुला दस्त न आना। नशाखोरी के कारण इस रोग में नक्सवामिका 30 विशेष प्रभावकारी दवा है।

(b) **एलोज 6**- अनजान में दस्त, पेशाब या सर्दी के कारण रोग का होना।

(c) **डलकामारा 6**- ठण्डी हवा लगने से या सर्दी के कारण रोग का होना।

(d) **एकोनाइट**- डर जाने के कारण रोग होने पर इसे देना चाहिए।

(e) **स्पिरिट कैम्फर**- हाथ पैर और चेहरा ठण्डा, अचानक दस्तों के होने पर इसका सेवन लाभप्रद है।

(f) **अन्य दवायें**- इपिकाक, आर्सेनिक, ब्रायोनिया, फॉस्फोरस, पल्सेटिला, थूजा आदि दवायें विशेष लाभदायी होती हैं।

3. कब्ज (Constipation)

जीवन पर्यन्त अपने शरीर को स्वस्थ और निरोग बनाये रखने का एकमात्र मूलमन्त्र यह है कि हम अपने को कब्ज से सदैव मुक्त बनाये रखें। कब्ज में बड़ी आँतों की मांसपेशियाँ जब स्वाभाविक आकुंचन या संकोचन एवं प्रसारण या संवर्धन के साथ-साथ आँतों में होने वाली हिलोरन (या पैरिलेस्टिक एक्शन) द्वारा अन्त्र रस तथा मल को आगे ढकेलने में असमर्थ होने लगती है, तभी हमें कब्ज की बीमारी होती है। चौबीस घंटे में एक ही बार शौच जाना या दो बार से अधिक जाना, आँत में मल रुक जाना, शौच जाने के बाद भी पेट का हल्का तथा साफ होने का अनुभव न होना, शौच में अधिक समय का लगना, भूख का न लगना, कब्ज के प्रमुख लक्षण हैं।

बिना चबाये खाना कब्ज रोग का प्रमुख कारण है। अगर हम खाना को चबा-चबा कर भोजन करने की आदत डाल लें तो हम 75% कब्ज की इस समस्या से स्वतः ही मुक्त हो जायेंगे। गलत खाना, बिना भूख खाना, अधिक खाना, बिना चबाये खाना, कब्ज के प्रमुख कारण है। इसके अलावा उपयुक्त श्रम का अभाव, मानसिक चिन्ता, नशा आदि भी इस रोग के प्रमुख लक्षण माने गये हैं।

इस रोग में सिर में भारीपन, आँतों और पाक स्थली में दबाव मालूम पड़ना, बार-बार मल त्याग करने की चेष्टा, बुखार की तरह अनुभव होना, बिलकुल ही पाखाना न जाना आदि प्रमुख लक्षण होते हैं।

उपचार

(a) **नक्स बोमिका 30**- बार-बार पाखाना लगता है पर होता नहीं हैं और होता भी है तो बहुत थोड़ा-थोड़ा। पाखाना खुलकर नहीं होता है। ऐसा मालूम पड़ता है कि थोड़ा मल भीतर रह गया है।

(b) **ब्रायोनिया 30**- मल सूखा, कड़ा तथा मानों जला हुआ हो। प्यास ज्यादा सिरदर्द, वात वाले रोगियों के लिए यह दवा विशेष लाभकारी होती है।

(c) **एलयूमिना 30**- पाखाना लगता ही नहीं है। कई दिनों तक दस्त ही नहीं आते, पेट में मल इकट्ठा हुआ करता है।

(d) **सीपिया 30**- बड़ा और कड़ा मल बड़ी तकलीफ से निकलता है। मलद्वार में भार मालूम पड़ना होता हो।

(e) **सल्फर 200**- मल कड़ा बड़ा सूखा, बहुत दर्द के साथ मल आये मलद्वार पर लाली और खुजलाहट।

(f) **थूजा 200**- गहरी कब्जियत, पाखाना लगता है पर होता नहीं है। कड़े गोलों की तरह मल आता है। थोड़ा-सा मल निकलकर फिर मल भीतर वापस घुस जाता है।

(g) **कालिन सोनिया 30**- प्रसव के बाद होने वाले कब्ज में अत्यन्त लाभकारी है।

(h) **ग्रेफाइटिस 30**- मल कड़ा, गाँठ की तरह बड़ा, मुश्किल से निकलता हो।

(i) **अन्य दवायें**- साइलिशिया, ग्रैफाइटिस, लाइकोपोडियम, मैग्नीशियाम्यूर, एना कार्डियम आदि।

4. पेट दर्द (Abdominal Pain or Abdomanalgia)

उपचार

(a) **लाइकोपोडियम 30**- पेट में गैस भर जाये, पेट फूल जाये, मानों पेट फटा सा जा रहा हो। गरम भोजन लेने से आराम होता है। पेट में बड़े जोरों से मरोड़ का दर्द होता हो।

(b) **पल्सेटिला 30-** पेट पर मानो पत्थर रखा हो, पेट दर्द एवं गड़गड़ाहट महसूस हो, घी-तेल से बना खाना खाने से दर्द होता हो।

(c) **बेलडोना 30-** दर्द एकाएक पैदा होता है, पेट फूलता है, तेज दर्द, हिलने-डुलने और दबाने से दर्द होता हो।

(d) **कैमोमिला 200-** चिड़चिड़ापन, चिड़चिड़े बच्चों के पेट में दर्द के समय लाभप्रद होता है।

(e) **कोलोसिन्थ 200-** पेट में बहुत तकलीफ देने वाला दर्द खासतौर पर नाभि के चारों तरफ होता हो, सामने झुकने से आराम मिलता है।

(f) **डायस्कोरिया 30-** पीछे की ओर झुकने में दर्द में आराम मिलता है। हाथ-पैरों को फैला देने से भी आराम मिलता है।

पेट दर्द प्रायः दो प्रकार का होता है। (1) तीव्र पेट दर्द (Abdominal Pain) (2) जीर्ण पेट दर्द (Acute Abdominalgia)। कब्ज की स्थिति में भी पेट दर्द होता रहता है। आँतों के संक्रमण, सूजन एवं प्रदाह में ज्वर के साथ पेट दर्द होता है। कभी-कभी अण्डकोश आँतों में रुक जाने से पेट दर्द होता है। गुर्दे सम्बन्धी दर्द (Renal colic) कमर या उदर के ऊपरी हस्से के किसी एक भाग (बायें या दायें या दोनों तरफ) में होता है। गाल ब्लैडर की पथरी, रुकावट तथा प्रदाह में पेट की दायीं तरफ ऊपरी हिस्से में दर्द होता है। महिलाओं के मासिक धर्म के समय भी पेट दर्द (डिस्मेनोरिया) होता है। अजीर्ण तथा आँतों में स्पास्म के कारण भी दर्द होता है। एपेण्डिक्स में अचानक रुकावट संक्रमण अवरोध होने से दायीं तरफ दबाने से दर्द होता है। ड्यूडिनल या गैस्ट्रिक (आँतों तथा आमाशय) के अल्सर में पेट के ऊपर वाले हिस्से में अचानक दर्द उठता है। इस प्रकार पेट दर्द के अनेक कारण हो सकते हैं।

5. अम्लता (Acidity, Gastritis)

गलत एवं विकृत आहार, अति भोजन, तले-भुने, मिर्च-मसाले वाले भोजन, मांस, अण्डा, तम्बाकू, शराब, सोडा, चाय, कॉफी, शीतल पेय, कोला, फास्ट फूड वाले भोजन बासी खाना, अति अम्लीय तथा मैदे से बने आहार अम्लपित्त पैदा करते हैं। मानसिक, क्रोध, तनाव, चिन्ता, भय, ईर्ष्या द्वेष इत्यादि। मन:स्थितियों में भी अन्तःस्रावी ग्रन्थियों से निकलने वाला रस, स्राव तथा पाचन संस्थान को नियन्त्रित करने वाले स्नायु बेगस नर्व के उत्तेजना से पाचक रसों का संतुलन अस्त-व्यस्त हो जाता है। इसके परिणाम स्वरूप हाइपर, एसीडिटी उत्पन्न हो जाती है। अम्ल पित्त का मुख्य कारण आमाशय है, जो कफ एवं अम्ल पित्त का आश्रय स्थल भी है।

कफ और पित्त से अम्लपित्त की उत्पत्ति होती है। जो लोग परिशोधित कार्बोहाइड्रेट स्टार्च, चीनी ज्यादा लेते हैं, उन्हें अम्लपित्त की शिकायत ज्यादा होती है। पेट में जलन, पेट में वायु बनना, खट्टी डकारें आना इसके प्रमुख लक्षण होते हैं।

उपचार

(a) **नक्सबोमिका 30**- खाना ठीक तरह से हजम नहीं होता है। कब्ज रहती है तथा थोड़ा-थोड़ा पाखाना भी होता है।

(b) **कार्बोवेज 6**- इसमें अम्लता के साथ पेट के ऊपरी भाग में गैस बनती है।

(c) **चाइना 3**- इसमें पेट में वायु भर जाती है, न तो गैस ऊपर से पास होती है और न नीचे से।

(d) **नेट्रम फास 12X**- खट्टी डकार, पेट फूलना।

(e) **लाइकोपोडियम 30**- पेट फूलता है, गड़गड़ाता है, पेट में वायु भरने की अनुभूति होती है।

(e) **एसिड सल्फ**- दाँत तक खट्टे होना, छाती में जलन, अम्लता की उल्टी।

6. उल्टी (Vomiting Emetis of Nausea)

उपचार

(a) **इथूजा 30**- दूध पीने के बाद यदि बच्चा शीघ्र उल्टी कर देता हो।

(b) **आर्सेनिक एलवम 30**- बार-बार उल्टी होना, पानी की प्यास तीव्रता से लगना, विषाक्त भोजन के कारण उल्टी का होना।

(c) **इपिकाक 30**- जी मिचलाकर उल्टी का होना बार-बार उल्टी होती हो।

(d) **फास्फोरस 30**- पेट में थोड़ी देर पानी रहने के पश्चात् उल्टी हो जाती हो (Travelling sickness)।

(e) **बोरेक्स 30**- वायुयान में बैठने पर गिरने का भय, वायुयान में चढ़ने से पहले दवा लें।

(f) **कोकुलस इण्डिका 30**- अगर बस या गाड़ी में उल्टी होती हो एक दिन पहले से लें, हर आधे घंटे में।

7. आव पेचिस (Dysentery, Colitis)

चौबीस घंटे में 15 से 30 बार लगातार आंव के साथ पाखाना आता है। मरोड़ के साथ कभी सिर्फ आंव आता है तो कभी खून के साथ आंव आता है। ऐंठन

के साथ बार-बार मल त्याग की प्रवृत्ति होती है। मल त्याग के बाद ऐंठन, मरोड़ में कमी के कुछ देर बाद पुन: मरोड़ प्रारम्भ हो जाता है। चुभने जैसा मीठा दर्द जी मिचलाना, वमन तथा सिरदर्द के लक्षण। पेचिस प्राय: कई प्रकार के सूक्ष्म रोगाणुओं के कारण होता है। ये रोगाणु प्राय: जल या बाजारू खाद्य पदार्थों के सहारे आँतों में पहुँच जाते हैं। आँतों की झिल्ली के नीचे अपना आश्रय बनाकर संक्रामक रोग (पेचिस) उत्पन्न करते हैं। ये आँतों में घाव तथा फोड़े भी पैदा कर देते हैं। पेचिस के कारण आँतों की रोग प्रतिरोध क्षमता कमजोर हो जाती है। शरीर में संचित मल और विकार बढ़ने लगते हैं। इसके साथ विभिन्न प्रकार के कीटाणुओं की संख्या भी पनपने लगती है। शरीर इन कीटाणुओं और संचित मल को निकाल बाहर करने की जो प्रक्रिया अपनाता है, उसे ही पेचिस के नाम से जाना जाता है। उपचार के पूर्व आवश्यक है कि रोगी की आहार चिकित्सा पर विशेष ध्यान दिया जाये।

उपचार

(a) **नक्स नामिका 30**- बार-बार हाजत का लगना, पाखाना के पहले और पाखाना करते समय पेट में दर्द होता है।

(b) **ऐलो 30**- पेट के दर्द के साथ रक्त का आना और अनजाने में पाखाना हो जाना।

(c) **मर्क कोर 30**- अचानक पाखाना लगना, पाखाने में रक्त का आना, चेष्टा करने पर भी पाखाना न होता हो।

(d) **अर्जेन्टम नाइट्रिकम 30**- पुरानी पेचिस की यह एक असरदार दवा है।

8. पेट के घाव (Ulcer)

शरीर के ऊपर होने वाला घाव व्रण कहलाता है और शरीर के अन्दर होने वाले घाव को अल्सर कहते हैं। विभिन्न शोध अध्ययनों से पता चला है कि ड्यूडिनल अल्सर महिलाओं की अपेक्षा पुरुषों में ज्यादा होता है। महिलाओं में गैस्ट्रिक अल्सर ही ज्यादा होता है। स्त्रियों के आमाशय में एसिड बनाने वाली काशिकाओं की संख्या कम होती है, फलत: उनकी अल्सर से रक्षा होती है। भारत में बंगाल, बिहार, केरल, महाराष्ट्र, मद्रास, असम और आन्ध्रप्रदेश में तथा चावल ज्यादा खाने वाले अन्य प्रान्तों के लोगों में अल्सर होने की संभावना ज्यादा होती है।

चिन्ता, क्रोध, ईर्ष्या, द्वेष, प्रतिस्पर्धा एवं मानसिक तनावों की स्थितियों में रक्त में एड्रिनलिन की मात्रा बढ़ जाती है। साथ ही बेगस नर्व के उत्तेजना से आमाशय की कोशिकाएँ ज्यादा मात्रा में अम्ल छोड़ने लगती है। लगातार तनाव

बने रहने पर अल्सर गहरा और जीर्ण होने लगता है। स्ट्रेस तथा स्ट्रेन अल्सर के प्रमुख कारण हैं।

बचाव- चाय, कॉफी ठण्डी करके लें, ज्यादा गरम न पीये। इन्हें बहुत कम कर दें या बन्द कर दें। शराब, सिगरेट बिल्कुल छोड़ दें। तनावों से अपने को मुक्त रखें। ज्यादा तनाव, चिन्ता एवं क्रोध से एसिड ज्यादा बनता है, जो अल्सर बनाता है। ज्यादा नमक, मिर्च मसालेदार भोजन न लें। अगर गैस्ट्रिक अल्सर हो तो ठण्डा दूध तथा होमियोपैथिक की नेट्रमफास दवा लें। इसके अलावा एसिड सल्फ भी पेट के अल्सर की उत्तम दवा है। अगर पेट में अल्सर के साथ गैस होने की शिकायत हो तो लाइकोपोडियम औषधि 200 शक्ति में एक-दो खुराक लेना चाहिए। कार्बोवेज भी गैस्ट्रिक अल्सर की उत्तम दवा है तथा सल्फर को भी गैस्ट्रिक अल्सर में बहुत उपयोगी माना गया है और आर्सेनिक अल्ब तो आँत के अल्सर तथा कोलाइटिस की रामबाण दवा है।

9. पीलिया (Jaundice)

यह रोग यकृत के पित्त निकलने की क्रिया में गड़बड़ी से होता है। आहार का असंयम, अनियमित और असंयमित भोजन, मद्यपान आदि अनेक कारण इस रोग के लिए प्रत्यक्षतः उत्तरदायी होते हैं। इस रोग में शरीर की त्वचा, आँख का आवरण श्वेत तथा पेशाब का रंग पीला हो जाता है।

उपचार

(a) **नक्सवोमिका 30**- ज्यादा शराब के सेवन तथा ज्यादा एलोपैथिक दवाइयों के सेवन से होने वाले पीलिया में उपयोगी औषधि है। ज्यादा कब्ज रहे तथा यकृत में ज्यादा पीड़ा होती हो तो इसका सेवन करें।

(b) **एकोनाइट 30**- गर्भवती स्त्रियों में इस रोग के उत्पन्न होने पर यह दवा परम लाभकारी होती है।

(c) **चायना 30**- मलेरिया रोग के बहुत दिनों तक रहने के पश्चात् दुर्बलता, पित्त प्रबलता तथा दस्त पीले होने की दशा में इसका सेवन करें।

(d) **चेलिडोनियम 6**- यकृत में वेदना, पीली जीभ, मुँह का कड़ुआ स्वाद, दायें कन्धे की पीड़ा में इसे दें।

(e) **मर्कसोल 30**- मुँह में ज्यादा लार एवं छाले, रात में यदि रुक-रुक कर पेटदर्द होता हो तो इस औषधि को दें।

10. बवासीर (Piles)

इस रोग के होने पर मलद्वार के भीतर और बाहर की नसें फूल जाती हैं तथा चमड़ा सख्त और संकुचित हो जाता है और मस्से पैदा हो जाते हैं। इनमें खुजली, वेदना, तनाव और जलन होती है। मस्सों से खून निकलने पर खूनी और खून न निकलने पर वादी बवासीर कहलाता है। इस प्रकार बवासीर दो प्रकार की होती है–

क. खूनी बवासीर- मलत्याग के समय मस्सों से खून का निकलना।

ख. सूखी तथा वादी बवासीर- मलत्याग के समय खून का न गिरना।

उपचार

(a) **हेमामेलिस 2X**- खूनी बवासीर में उपयोगी दवा।

(b) **सल्फर 30**- पुरानी बीमारी में लाभप्रद, सुबह सल्फर और शाम में नक्स देना चाहिए।

(c) **कास्टिकम 6**- बहुत कब्जियत, मस्सा फूला तथा उसमें जलन।

(d) **इरिजिरिन 30**- खूनी बवासीर में उपयोगी।

(e) **नक्स वामिका 30**- आलसी और शराबियों की बीमारी में लाभप्रद।

(f) **एलो 200**- गुदा द्वार पर जलन, खुजली तथा ठण्डे जल के प्रयोग से आराम।

(g) **काली कार्ब 30**- बड़े फूले हुए तथा दर्द और मलद्वार में जलन की दशा में उपयोगी।

(h) **आर्सेनिक 30**- जलन की तरह दर्द, गरम पानी से बेचैनी और घबराहट में आराम मिलता है।

(i) **बेलडोना 30**- मलद्वार पर लाल-लाल सूजन थोड़ा-सा छूने में असहनीय दर्द।

11. भगन्दर (Fistula of Rectum)

इस रोग में मलद्वार के नीचे के हिस्से में ढीले तंतुओं पर फोड़ा होता है। मलद्वार के बाहर की ओर प्रायः फोड़ा फूट जाने पर इसकी दीवारों में सिकुड़न आ जाती है और यह नल के समान हो जाता है जिसमें अन्दर एवं बाहर दो छिद्र हो जाते हैं। इनमें पीड़ा होती रहती है। यह तीन प्रकार का होता है। (1) कम्पलीट फिश्चुला (2) ब्लाइण्ड इण्टरनल फिश्चुला और (3) ब्लाइण्ड एक्स्टर फिश्चुला।

उपचार

(a) **पियोनिया 6**- स्राव हर समय और अधिक होता हो, दर्द और तनाव हमेशा बना रहे तथा मलद्वार भीगा बना रहने पर।

(b) **साइलिसिया 200**- कब्ज के साथ रोग का होना, पतली और बदबूदार मवाद हो तो साइलिसिया इस रोग की महाऔषधि है।

(c) **ग्रेफाइटिस 200**- मलद्वार के फटे घावों में उपयोगी दवा।

(d) **ऐसिड नाइट्रिकम 200**- मलद्वार में पाखाना होने के पश्चात् बहुत ज्यादा दर्द होता है।

(e) **सल्फर 30**- मलद्वार में सूजन और टीस का दर्द होता है।

(f) **औरम म्यूर 200**- यह भगंदर की बहुत ही उत्कृष्ट औषधि मानी गयी है। भगंदर की असहनीय पीड़ाओं के उपचार में यह दवा बहुत ही उपयोगी है। रोगी को तत्काल लाभ मिलने लगता है।

12. अपेंडिक्स की पीड़ा (Appendicitis)

इस बीमारी में रोगी को बड़ी ही असहनीय पीड़ा होती है। दर्द एकदम से आता है और धीरे-धीरे ठीक हो जाता है। पेट में मरोड़ के समान दर्द होता है। चेहरा लाल हो जाता है। सामने झुकने से दर्द में आराम मिलता है।

उपचार

(a) **ब्रायोनिया 30**- जब चुपचाप लेटे रहने से आराम मिलता हो तथा जरा सा भी हिलने डुलने से पेट में दर्द शुरू हो जाता हो। पानी की प्यास निरंतर बनी रहती है। इसमें ब्रायोनिया 30 रामबाण औषधि मानी गयी है।

(b) **पल्सेटिला 30**- कड़ुआ स्वाद तथा मुँह में दुर्गन्ध हो। पेट में भंयकर पीड़ा, रोगी दर्द से छटपटा रहा हो, इसमें शरीर के वस्त्र भी असहनीय लगने लगते हैं।

(c) **नक्सवोमिका 30**- पेट में ऐंठन तथा सिकुड़न युक्त वेदना में इसका प्रयोग करें।

(d) **आइरिस टेनेएक्स 6**- एपेन्डेसाइटिस की बहुत ही मशहूर दवा है। इसे देने से रोगी को तत्काल आराम मिलने लगता है।

(e) **बेलाडोना 30**- दर्द एकदम से आता है तथा प्राय: असहनीय होता है।

13. हार्निया या बहि:सरण (Hernia)

आँत या नाड़ी का थोड़ा सा अंश उदर-प्राचीर के भीतर से बाहर निकलकर फूल जाता है इसी को आँत उतरना कहते हैं। यह दो प्रकार का होता है। (क) इंगुइनल और (ख) अम्बिलिकल। जंघा सन्धि या गिल्टी की जगह के हार्निया को इंगुइनल कहते हैं। इसमें आँत पेट से निकलकर अण्डकोष में आ जाती है

और निकली हुई आँत अगर उसी समय पेट के अन्दर नहीं चली जाती है तो उसे इरिडिउसिबुल और जब अन्त्रथैली के बाहर निकलकर अण्डकोष के भीतर ही रुकी रहे और उसे अपने स्थान में न लाया जा सके तो उसे स्टैगुलटेड हार्निया कहते हैं और जब आँत बाहर निकलकर वापस नहीं आती है या वापस आकर फिर बाहर निकल जाती है तो ऐसी अवस्था को इनकारसिरेटेड कहते हैं। अम्बिकल हार्निया प्रायः बच्चों को ही होता है।

उपचार

(a) **नक्स वोमिका 30**– बायीं ओर का हार्निया। आधी रात के बाद दर्द का बढ़ना।

(b) **लाइको पोडियम 200**– दाहिनी ओर का हार्निया। पेट में गैस नीचे से पास होती है।

(c) **आर्निका 200**– चोट के कारण हार्निया हो जाये।

(d) **कलकैरिया कार्व 200**– थुलथुली देह, सिर के पिछले भाग में अधिक पसीना।

(e) **काकुलस 30**– नाभि स्थान से उतरने की अच्छी दवा है।

14. काच निकलना (Prolapse of Rectum)

गुदा द्वार से अन्त्र बाहर निकलने को काच का बाहर निकलना कहलाता है। यह रोग प्रायः बच्चों में अधिक पाया जाता है। मलत्याग के समय अधिक जोर लगाने से प्रायः यह रोग हो जाता है।

(a) **एलोज 200**– मलत्याग के समय काच निकलने पर।

(b) **सल्फर 1000**– पुराने कब्ज में।

(c) **इग्नेशिया 200**– हर बार मलत्याग के समय काच का बाहर निकलना।

(d) **पोडोफाइलम 200**– हर बार मलत्याग करते ही काच का बाहर निकल आना।

(e) **रूटा 200**– जरा सा जोर लगाते ही काच का बाहर निकल आना।

(f) **मर्क कोर 30**– आमाशय रोग के कारण काच निकलना।

नोट– यदि काच बाहर निकल जाये तो इसे अँगुली से अन्दर कर देना चाहिए।

15. पित्त की थैली की पथरी (Gal Bladder Stone)

पित्त की थैली में जब पथरी हो जाती है तो रोगी को असहनीय पीड़ा होती है। तेज दर्द पित्त की थैली के फैलने या सिकुड़ने से होता है। दर्द बहुत तेज होता है तथा एकाएक होता है, उल्टी होती है, पसीना आने लगता है। दर्द अधिकतर नाभि की दायीं ओर होता है और कभी-कभी बायें कन्धे में भी प्रतीत होता है।

उपचार

(a) **नक्सवोमिका 30**- पित्ताशय की ऐंठन, दर्द हिलने-डुलने तथा दबाने से बढ़े और सेंक से राहत मिले।

(b) **कैलकेरिया कार्ब 30**- यकृत प्रदेश में जब डंक जैसा दर्द और दबाव का अनुभव हो।

(c) **चायना 30**- पित्त की पथरी बनने से रोकती है।

(d) **मैग्नेशिया म्यूर 30**- दाहिनी करवट लेटने से दर्द में वृद्धि होती है।

(e) **चेलिडोनियम 6**- पित्त पथरी का दर्द दाहिने कन्धे के नीचे बना रहता है।

(f) **कार्डुअस मैरियन्स 6**- यकृत वृद्धि के साथ पित्त पथरी, पित्ताशय (Gall Bladder) की सूजन में बहुत ही उपयोगी दवा होती है।

16. कृमि (Worms)

हर व्यक्ति के पेट में कुछ न कुछ कृमि सदा मौजूद रहते हैं। ये व्यक्ति के शरीर को रोगी बना देते है। बच्चों में कृमि रोग का होना सामान्य बात है। विशेषतः ये कृमि तीन प्रकार के होते हैं। (1) छोटी-छोटी सूत की तरह (2) गोले लम्बे केंचुए की तरह तथा (3) लम्बे फीते की तरह। कृमि होने पर नींद में भी दाँत कड़कड़ाते रहते हैं। पहले प्रकार के कृमि प्रायः मलद्वार के पास रहते हैं, जबकि दूसरे प्रकार के कृमि प्रायः छोटी आँत में रहते हैं तथा तीसरे प्रकार के कृमि लम्बाई 10 फिट तक हो सकती है या इससे अधिक भी होती है।

उपचार

(a) **सिना 200**- सभी प्रकार के कृमि की बहुत ही उपयोगी दवा है।

(b) **सेण्टोनाइन 1 एक्स**- यह भी कृमि रोग की अच्छी दवा मानी जाती है।

(c) **स्टैनम 30**- इसके खाने से ही कृमि बाहर निकल जाते हैं।

(d) **नेट्रमफास 3 एक्स, 30**- सभी तरह के कृमि की बहुत अच्छी दवा है।

(e) **चेनोपोडियम 3 एक्स, 30**- चिपटे और गोले कृमियों की बहुत अच्छी दवा मानी गयी है।

3

मुख के रोग

मुख के छाले (Apthae)

मुख में छालों का होना बड़ा ही कष्टकर एवं पीड़ादायक रोग है। जीभ और मुख के छाले और जख्म, जीभ सूखी तथा उसके दोनों तरफ तेज दर्द का होना इस रोग के प्रमुख लक्षण हैं। इसका सफलतापूर्वक इलाज सम्भव है।

(a) **कैलकेरिया कार्व 30 :** दाँतों का खट्टापन, खट्टी डकारें, मुँह से खट्टा पानी निकलना, पेट तथा कलेजे में जलन, दाँतों में भी खट्टेपन की अनुभूति।

(b) **मर्क सोल 30 :** मुँह के भीतर तथा जीभ के किनारे जख्मों का होना। रात में कष्ट का बढ़ जाना तथा मुख में दुर्गन्ध आना जैसे लक्षणों में बड़ी कारगर दवा है।

(c) **नाइट्रिक एसिड 200 :** इसमें रोगी के जीभ और मुख में छाले और जख्म हो जाते हैं, जिनसे खून निकलता है। जीभ के दोनों तरफ जख्म हो जाते हैं।

(d) **नैट्रम फास 30 :** दूध से तथा चीनी के कारण अम्लपित्त की शिकायत मुख का स्वाद खट्टा तथा खट्टी डकारें आती है। भोजन करने के एक दो घंटे बाद अम्लपित्त तथा पेट में दर्द होने लगता है।

(e) **सल्फर 200 :** मुख में जख्म हो जाते हैं साथ में अम्लता के भी लक्षण उत्पन्न हो जाते हैं तथा दर्द भी होता है।

(f) **कार्वो वेज 6 :** बार-बार तेज डकार आती है। पेट में भीषण जलन होती है। मुँह में पानी आता है।

(g) **कैलिम्यूर 30 :** छोटे बच्चों को उनके माँ के दूध पीने में कष्ट, मुँह में जख्मों का हो जाना, गाँठों में फूलापन का होना तथा कष्ट की अधिकता का होना।

(h) **वोरेक्स 6 :** मुँह लाल, सूखा तथा गर्म लार बहुत बनना। बच्चा दूध पीते समय बहुत रोता है, लार तेजी से बहती है।

4

गला (Neck)

गले का प्रदाह दर्द और सूजन (Pharyngitis)

गले में कुछ भी निगलते समय दर्द का अहसास होता है।

(a) **कैलि वाइ क्रोम 30 :** गले के अन्दर के घावों में, खाँसी में तथा गले के बैठने में यह दवा बड़ी ही उपयोगी मानी जाती है।

(b) **हिपर सल्फ 30 :** गले में कफ तथा गले में छोटे-छोटे दाने हो जाते हैं, गले का कफ खाँसने से भी बड़ी कठिनाई से निकलता है।

(c) **गला बैठना (Laryngitis) :** Aphonia तथा Hoarseness (स्वरभंग)

(d) **ब्रोमियम 30 :** जब ज्यादा रोने से गला बैठ जाता है तब इसका प्रयोग करना चाहिए।

(e) **कास्टिकम 30 :** पुराने बैठे गले को ठीक करने की प्रभावकारी औषधि है।

(f) **कोका 30 :** गायकों की आवाज को साफ करने की प्रभावी दवा है।

(g) **ऐमोनियम कास्टिकम 30 :** जब गले में बहुत ही जलन तथा दर्द होती हो तथा लालिमा के साथ गला बैठ गया हो तब इस दवा को प्रयोग करना चाहिए।

(h) **अर्निका :** 200 की 3 खुराकें 2-2 घंटे के अन्तराल पर देने से तथा उसके बाद रस टाक्स की एक खुराक 3-8 दिन तक देने से स्वर भंग (Hoarseness) में बहुत ही प्रभावकारी लाभ होता है।

सूखी खाँसी, गीली खाँसी और कूकर खाँसी

सूखी खाँसी (Dry Cough & Cold)

(a) **एकोनाइट 30 :** सर्दी लगने सूखी खाँसी के होने पर इस दवा का प्रयोग करना चाहिए।

(b) **सल्फर 200 :** जब खाँसी बहुत पुरानी हो जाये तो सल्फर 200 देने से बहुत लाभ होता है।

(c) **फॉस्फोरस 30 :** जब दिन-रात लगातार खुश्क खाँसी होती हो।

(d) **वेलाडोना 30 :** गले में खुश्क खाँसी तथा गला खाँसते-खाँसते दुखने लगे।

(e) **व्रायोनिया 30 :** ज्यादा खुश्की आने पर तथा जरा सा भी बोलने पर खाँसी आने लगती हो तब यह दवा दी जाती है।

गीली खाँसी (Wet Cough)

(a) **ड्रोसेरा–** खाँसते-खाँसते उल्टी हो जाना, ऐसी दशा में इसे दें।

(b) **रसटाक्स–** जब भीग जाने पर खाँसी हो जाती है, तब इसे देना चाहिए।

(c) **इपिकाक–** पुरानी खाँसी जिसमें छाती में कफ भरा महसूस होता हो।

(d) **कैलिसल्फ–** पीले रंग का ढीला कफ निकलता है।

कूकर-खाँसी (Whooping Cough)

यह एक संक्रामक रोग माना गया है। इस खाँसी का वेग बहुत ही अधिक होता है। खाँसते-खाँसते चेहरा लाल हो जाता है। कभी-कभी तेज खाँसी के कारण वमन भी हो जाता है। इसकी प्रमुख दवायें निम्न हैं-

(a) **ड्रोसेरा 30 :** इस दवा की एक ही खुराक से इसमें तत्काल लाभ मालूम पड़ने लगता है। यह कूकर खाँसी (Whooping cough) की सबसे अच्छी दवा है।

(b) **फास्फोरस 200 :** जब शाम को कूकर-खाँसी का प्रकोप अधिक मालूम पड़े तो इसमें गला बैठ जाता है तथा ठण्डा पानी पीने की तीव्र इच्छा होती है।

(c) **कुप्रेम मेट 30 :** जब दौरा बहुत ही तेज हो। खाँसी में ऐंठन सी महसूस हो और ठण्डा पानी पीने में आराम मिलता हो।

पुरानी खाँसी

(a) **इपिकाक 30–** पुरानी खाँसी जिसमें छाती में कफ भरा महसूस हो तथा खाँसते-खाँसते उल्टी हो जाती हो।

(b) **पल्सेटिला 30 :** पीले रंग का कफ निकलता हो, शाम को बढ़ जाता है।

(c) **अमोनियम कार्व 30 :** वृद्ध लोगों की खाँसी में बहुत ज्यादा कफ का आना।

(d) **हिपर सल्फ 30 :** पुरानी खाँसी, खाँसते-खाँसते गला रुंध जाता हो।

दमा (Asthama)

दमा दो प्रकार का माना गया है।

क. **ब्रोंकियल अस्थमा (Broncheal Asthma) :** जिसमें रोगियों में श्वास बाहर निकालते समय एक विशेष प्रकार की सायं-सायं की आवाज होती है।

ख. **कार्डियक अस्थमा (Cardiac Asthama) :** इसमें रोगी बार-बार श्वास क्रिया में कष्ट महसूस करता है। इसमें हृदय के बायें वेन्ट्रीकल में अवरोध की स्थिति उत्पन्न होने लगती है। यह रोग वंशानुगत भी हो सकता है।

दमा रात के पिछले पहर में अधिक होता है। लेटे-लेटे साँस लेना कठिन हो जाता है। चेहरा फीका पड़ने लगता है। सीटियों जैसी ध्वनि स्टेथोस्कोप से सुनने पर सुनायी देती है। दमा के तेज दौरे में निम्न दवाइयाँ बड़ी ही प्रभावकारी होती है।

(a) **एकोनाइट 200** की आठ बूँदे एक कप गरम पानी में डालकर इसे एक चम्मच हर पाँच मिनट में पिलाना चाहिए।

(b) **आर्सेनिक 30–** इपिकाक 30 तथा आर्सेनिक 30 दोनों एक के बाद एक पिलाना चाहिए।

(c) **आर्सेनिक एल्व 30**– साँस लेने में बहुत कठिनाई होने पर इसे दें। बेचैनी, छाती में जलन बहुत भीषण होती है। इसको दो बूँद सुबह-शाम तीन सप्ताह तक लें।

(d) **इपिकाक 30–** तेज श्वास, दम घुटने जैसा महसूस होना। खाँसते-खाँसते कै का हो जाना।

(e) **वैसिलिनम 200**– दमा के रोगियों में पुरानी खाँसी में प्रभावी औषधि।

(f) **ट्यूबर क्लुनिम 1000–** हर पन्द्रह दिन में एक बार इस दवा को दो बूँद लेना चाहिए। उस दिन और कोई दवा न लें। यह अविश्सनीय सा लगता है, परन्तु यह विश्वास के साथ कहा जा सकता है कि होमियोपैथी की दवाइयों से दमा का पूर्णतः इलाज सम्भव है।

गले की बीमारियाँ (Throat Diseases)

1. गले की सूजन (Phragmites)

(a) **वायथिया 6–** गायकों और वक्ताओं के गला बैठ जाने पर बड़ी प्रभावकारी औषधि मानी गयी है।

(b) **हिपर सल्फ 30**— गले में कफ जो खाँसने पर भी नहीं निकलता है। गले में छोटे-छोटे दाने हो जाते हैं, जो निरंतर दर्द करते रहते हैं।

(c) **कैलि-वाइ क्रोम 30**— गले के अन्दर घाव हो जाते हैं। खाँसी आती है तथा गला बैठ जाता है।

2. गला बैठना (Laryngitus/Aphonia)

(a) **एमोनियम कास्टिकम 30**— जब गले में बहुत दर्द होती हो तथा ललाई के साथ गला बैठा हो और तीव्र पीड़ा होती हो तब यह औषधि परम उपयोगी होती है।

(b) **सेलेनियम 6**— जब गाने या बोलने के बाद गला फँस जाता है। गोंद की तरह गले में कफ अटका सा प्रतीत होता है।

3. टांसिल के रोग (Tonsillitis)

होमियोपैथी की दवाइयाँ इस रोग के लिए रामबाण जैसी है। ऐसी अवस्था होने पर हर दशा में ऑपरेशन से बचना चाहिए। मरीज को गर्म भोजन दें तथा शीतल पेय, बर्फ, खट्टी चीजों से यथासम्भव बचना चाहिए। स्ट्रेप्टो कोकस हीमोलिटिकस जीवाणु टान्सिल रोग के लिए जिम्मेदार माना जाता है। इस रोग में निम्न दवाइयों का उपयोग बहुत ही लाभप्रद होता है।

(a) **वेरयटा कार्व 30, 200**— नये तथा पुराने दोनों तरह के टान्सिल प्रदाह की यह मुख्य औषधि है। गले के अन्दर जलन और सुई चुभने जैसा दर्द होता है।

(b) **लैकेसिस 200**— इसका रोगी ठण्डे पेय पसन्द करता है। इसका दर्द बिना निगले गले से कान तक जाता है। सोने के बाद इसके लक्षण बढ़ते हैं।

(c) **कैल्केरिया फास**— यह नये तथा पुराने दोनों प्रकार के प्रदाह में बहुत उपयोगी दवा है।

(d) **एपिस 30**— गले में जख्म, गला घुटता-सा महसूस होता हैं, बुखार भी आ जाता है।

(e) **लाइकोपोडियम 30**— दायें तरफ के टान्सिल की पीड़ाजनक स्थिति में उपयोगी। गर्म पेय पीने की तीव्र इच्छा होती है।

(f) **वेलेडोना 30**— यदि गला ज्यादा लाल सुर्ख हो तथा सूजा हुआ हो। निगलने में कठिनाई तथा पानी की प्यास न लगती हो।

(g) **सल्फर 200, 1000**– यद्यपि मवाद जनित टान्सिल को ठीक करने के हेतु गन पाउडर 3X तथा वेरायटा कार्व 30 शक्तिक्रम से अदल-बदल कर देने से इस रोग में बहुत लाभ होता है, फिर भी यदि सल्फर 200 शक्तिक्रम से चिकित्सा प्रारम्भ करें। ठीक होने के बाद दोबारा टान्सिल सूजे इसके लिए इसकी एक डोज देने से रोग की दोबारा होने की सम्भावना बहुत ही कम हो जाती है।

5

नाक (Nose)

1. नाक के अर्बुद (Polyp in Nose)

इस रोग में नाक से अन्दर झिल्ली बन जाती है, जिससे नाक बन्द सी होने लगती है।

(a) **मर्क सोल 30–** नाक में अर्वुद की यह एक बहुत अच्छी दवा मानी जाती है।

(b) **वेराइटा कार्व 30–** जब टान्सिल के साथ नाक में अर्बुद हो।

(v) **कैलकैरिया कार्व 30–** जब नाक तथा कान दोनों स्थानों पर अर्बुद हो।

2. छीकें (Sneezing)

नाक में एलर्जी के कारण प्रायः छीकें आने लगती है तथा नाक से पानी भी आने लगता है, कभी-कभी नाक बन्द होने लगती है।

(a) **साइलेसिया 200–** नाक से पानी आने लगता है तथा तीव्रता से छीकें आती है। यह दवा पुरानी छीकों के उपचार में भी लाभप्रद मानी गयी है।

(b) **अमोनियम कार्व 30–** रोगी ठण्डी हवा सहन नहीं कर पाता है। सुबह उठते ही बार-बार छीकें आने लगती है। सिर खुला रहने से भी छीकें और जुकाम हो जाता है।

3. नकसीर (Epistaxis)

नाक से बार-बार खून निकलने को नकसीर कहते हैं। नकसीर आने पर नाक पर बर्फ अथवा ठण्डा पानी लगाने से भी आराम मिल जाता है।

(a) **व्रायनिया 30–** गर्मी के मौसम में नकसीर की यह मुख्य औषधि है।

(b) **वेलेडोना 30–** नाक में रक्तस्राव होता है। चेहरा लाल-लाल हो जाता है।

(c) **अर्निका 200–** किसी भी प्रकार की चोट लगने से नाक से रक्त का बाहर आना।

6

दाँत (Tooth)

दाँतों का दर्द (Toothache)

अच्छे स्वास्थ्य के लिए दाँतों की देखभाल बहुत जरूरी है। दाँतों की सफाई न करने से हृदय रोग के भी शिकार होने का खतरा हो सकता है। दाँतों के इर्द-गिर्द के तन्तुओं (मसूड़ों एवं हड्डी) की बीमारी को पैरिया डेण्टल डिजीज कहते है। इसमें पहले मसूड़े मुलायम हो जाते है तथा उनमें जलन एवं दर्द होने लगता है। दाँत की जड़ें कमजोर होने लगती है। दाँतों में कीड़ा लगना भी दाँतों के दर्द का एक कारण है।

(a) **प्लान्टिगो 30–** दाँत में जहाँ पर केविटी बन गयी हो इसे रूई में मिलाकर वहाँ पर लगाने से तुरन्त आराम मिलता है।

(b) **एकानाइट 30**– ठण्डी हवा के कारण प्रायः दाँतों में दर्द होने लगता है। ऐसी स्थिति में इस दवा से विशेष लाभ मिलता है।

(c) **मर्क साल–** मर्क साल 30 शक्ति की 5-6 गोली चूसने से दर्द में काफी आराम मिलता है।

(d) **मैगफास 30–** असहनीय दाँत दर्द में विशेषकर लाभदायी होता है।

(e) **साइलेशिया–** मसूड़ों के सूजने, फूलने और दर्द होने में लाभकारी होता है। साइलेशिया 30 शक्ति में 5-6 गोली सुबह-शाम चूसना चाहिए। यदि दाँत दर्द एक दाँत से दूसरे दाँत में परिवर्तित होता है। यदि दाँतों में कीड़ा लगा हो तो क्रियोजोर 30 शक्ति दे दें। तम्बाकू पीने से दाँतों में दर्द की समस्या से आराम होने के लिए इग्नेशिया 30 या स्पाइजेलिया 30 लेनी चाहिए।

7

कान (Ear)

कान का दर्द (Otalgia)

कान का दर्द किस कारण से हो रहा है, इसका पता लगा लेना जरूरी है ताकि उसी के अनुसार चिकित्सा की जा सके। इसे भी ध्यान में रखना ठीक होगा कि पीड़ा अथवा समस्या (1) बाहरी कान (External Ear) (2) मध्य कान (Middle Ear) तथा (3) भीतरी कान (Inner Ear) में कहाँ पर हो रही है। कान की बीमारियों में (1) कान का दर्द (Otaligia) (2) कान का बहना (Otorrhoea) (3) कान में आवाजों का आना (Meniere) तथा (4) बहरापन (Deafness) प्रमुख बीमारियाँ होती हैं।

कान दर्द

(a) **मर्क विन आयोड 30**– जब ठण्डी हवा के लगने से कान में दर्द आरम्भ हो गया हो तब इस दवा को देना ठीक रहता है।

(b) **पल्सेटिला 30, 200**– कान से पीड़ित बच्चों के लिए उपयुक्त दवा है।

(c) **केमोमिला 200**– अत्यधिक कान की पीड़ा में तत्काल राहत देती है।

(d) **वेलेडोना 30**– कान दर्द में उपयोगी दवा।

कान का बहना (Ostorrhoea)

कान के बहने में हिपर सल्फ 30, 200 कैप्सिकम 30, साइलेशिया 30, 200 टल्यूरियम 200 प्रभावकारी दवायें हैं। मूलेन आयल भी कान पकने की औषधि है, इसकी 2-3 बूँद प्रतिदिन कान में डालना चाहिए।

कानों में आवाजें आने की स्थिति में कैलकेरिया कार्व 200 ग्रेफाईटिस 30, चिनियम सल्फ 200 तथा डिजिटेलिस 30 अच्छी औषधियाँ हैं।

बहरापन (Deafness)

बहरेपन के निदान हेतु एसिड फास 200, कैलिम्यूर 30, फॉस्फोरस 30 तथा ग्रेफाइटिस 30 बड़ी उपयोगी दवायें हैं। कनफड़ (Mumps) हेतु पल्सेटिला 30, वेलेडोना 30 तथा एर्वोटिनम 30 बड़ी ही प्रभावकारी होमियोपैथी की औषधियाँ हैं।

8

आँख (Eye)

आँखों के रोग (Eye Diseases)

आँख के रोगों में प्रमुख (1) आँख आना (Conjunctivitis) (2) मोतियाबिन्द और (3) गुहेरी रोग माने गये हैं। इसके अलावा कमजोर दृष्टि (Weak Vision) की भी समस्या प्राय: लोगों में पायी जाती है जिसके लिए रूटा 30, फॉस्फोरस 200 तथा फाइजोस्टिमा 200 प्रमुख दवा है।

1. आँख का आना (Conjunctivitis) : कभी-कभी आँख एकदम से लाल हो जाती है। आँखों में सूजन आ जाती है इसके लिए निम्न दवायें बड़ी उपयोगी हैं-

(a) **यूफ्रेसिया 30**– जब आँखों में चुभने जैसा तीव्र दर्द होता है तो आँखें फूल जाती है तथा नाक से पानी बहने लगता है।

(b) **रसटाक्स 30**– पानी में भीग जाने कारण आँखों का आना।

(c) **पल्सेटिला 30**– जब आँख से पीला कीचड़ आता हो तब यह दवा बहुत ही प्रभावकारी होती है।

(d) **एकोनाइट 30**– अचानक ठण्ड लग जाने से एकदम आँखें आ जाती है।

(e) **वेलोडोना 30**– आँख में बहुत तेज पीड़ा का होना तथा आँखों का सफेद भाग अत्यधिक लाल हो जाता है।

रतौंधी (Hemeralopia) : फाइजस्टिग्मा हेलीबोएस, चाइना।

दिनौंधी (Nyctalopia) : वोथाप्स, साइलेशिया, फास्फोरस मर्क्यूरियस।

2. मोतियाबिन्द (Cataract) : यद्यपि यह रोग वृद्धावस्था में अधिक होता है तो भी इसकी रोकथाम करने में होमियोपैथी की दवायें ज्यादा असरदार मानी गयी है। बीमारी हो जाने पर इसमें निम्न दवायें ज्यादा प्रभावकारी होती हैं।

(a) **सिनेरेरिया**– इसका मदर टिंचर मोतियाबिन्द में बड़ा असरकारी होता है।

(b) **कैलकेरिया फ्लोर 6X**– जब आँखों पर सफेद झिल्ली-सी आ जाती है तथा रोग के आरम्भ में यह दवा बड़ी असरकारक होती है।

(c) **रसटाक्स 200**— मोतियाबिन्द के ऑपरेशन कराने के बाद यदि इसका उपयोग किया जाये तो शोथ, दर्द, पलकें सूजना आदि कष्टों से बचा जा सकता है।

(d) **सल्फर 1000**— का भी उपयोग भी विशेष परिस्थितियों में किया जा सकता है।

3. **गुहेरी** (Stye or Tumour of the Lid)

(a) **स्टैफिसेग्रिआ 200**— यह गुहेरी की बड़ी ही असरदार प्रतिरोधक दवा मानी गयी है।

(b) **पल्सेटिला 200**— गुहेरी जब पक जाये तो इसका उपयोग बड़ा असरकारक होता है।

(c) **थूजा 200**— बार-बार गुहेरी होने पर इस दवा का प्रयोग करना चाहिए।

(d) **नाइट्रिक एसिड 30 और वरायटा कार्व 30**— क्रम से 10-15 दिन दें। अन्त में कोनियम 200 की मात्र दो खुराक दें।

9

सिर (Head)

सिर के रोग : पहले सिरदर्द के कारण का निदान आवश्यक होता है।

1. **सिरदर्द (Headache) :** की अनेक दवायें हैं जिनमें प्रमुख हैं–

(a) **ब्रायोनिया 30**– कब्ज के कारण जब धीरे-धीरे सिरदर्द होता हो तो रोगी चुपचाप लेटना पसन्द करता है। हिलने-डुलने से रोग बढ़ता है प्यास ज्यादा लगती है।

(b) **ग्लोनाइन 200**– धूप या गर्मी के कारण सिरदर्द होता है। सिर अत्यधिक भारी महसूस होता है।

(c) **लैकेसिस 200**– पुराना आधा सीसी के दर्द (Migrane) की यह बड़ी असरकारी महौषधि है।

(d) **सीपिया 200**– बायीं तरफ दर्द होता है। दर्द वाली तरफ लेटने से दर्द बढ़ता है।

(e) **काल्मिया 30, 200**– सुबह सिरदर्द का शुरू होना तथा सूर्यास्त के समय समाप्त हो जाना।

(f) **नैट्रमम्यूर 30, 200**– इसका सिरदर्द 10 बजे प्रारम्भ होता है, दोपहर में शिखर पर पहुँचकर सूर्यास्त के समय समाप्त हो जाता है।

(g) **एकोनाइट 30**– सिर में अत्यधिक भयंकर पीड़ा तथा भारीपन, खड़े होने पर सिर में चक्कर आना।

(h) **वेलाडोना 30, 200**– सिर फटने जैसा अनुभव होता है। शोर अच्छा नहीं लगता प्यास ज्यादा लगती है।

(i) **सिमिसिफ्यूगा 200–** ऋतुधर्म में गड़बड़ी होने के कारण होने वाले सिरदर्द में लेना चाहिए। इसके साथ कालीफास 30 दिन में 4 बार लें।

(j) कैलीफास+जेसीमियम+वालेरिचाना 30 और एसिडफास 30– प्रर्याय क्रम में देने से तनाव तथा चिन्ता के कारण उत्पन्न सिरदर्द में लाभ होता है।

(k) उच्च रक्तचाप के कारण राउवोल्फिया क्यू+क्रेटेगस क्यू+पैसीप्लोरा क्यू (1:1:1) पानी में 8–10 बूँद भोजन के बाद लें।

(l) निम्न रक्तचाप में चायना 30+कार्बोवेज 30 का लेना लाभप्रद होता है।

2. सिर में खुश्की (Dandruff) : सिर में बालों के नीचे सफेद परत सी जमना, इसे रूसी या फरास कहते हैं।

(a) **फॉस्फोरस 200–** सिर में फरास का होना।

(b) **थूजा 30–** फरास की सफेद परतें, बालों में सूखापन तथा बालों का अधिक गिरना।

(c) **सल्फर 30–** फरास के साथ बहुत खुजली का होना।

3. केशों का झड़ना : इसमें निम्न 4 दवायें बहुत अधिक लाभकारी सिद्ध होती है।

(a) **चायना 30–** कोई रोग होने के बाद केशों का झड़ना।

(b) **लाइकोपोडियम 30–** सिर के ऊपरी भाग का गंजा हो जाना।

(c) **टेल्यूरियम 30–** सिर में दाद के कारण बालों का झड़ना।

(d) **सेलेनियम 30–** कंघी करते समय बालों का अधिक झड़ना। इसे अथवा फास्फोरस 30 शक्ति की 4–4 गोली दिन में 3 बार लें।

4. सफेद बाल (Premature-grey hair)

(a) **लाइकोपोडियम 30**– कम उम्र में केशों का पकना।

(b) **थूजा 30**– टीके के बाद बालों का सफेद होना।

(c) **विस बेडन 200**– शक्ति में एक हफ्ते में एक दिन (एक बूँद सुबह, एक बूँद शाम) का प्रयोग करें।

(d) **साइलेशिया दवा–** 12X शक्ति में प्रतिदिन 4–4 गोली दिन में तीन बार खायें। इसे कम से कम 6 माह तक प्रयोग करना चाहिए।

बालों का झड़ना, गंजापन तथा सफेद होने के लिए हमारा खान–पान तथा रहन–सहन भी उत्तरदायी होता है। अतः उसमें आवश्यक सुधार करना आवश्यक है। मालिश के लिए नारियल, सरसों, जैतून या बादाम का तेल लाभकारी होता है। कृत्रिम रजंकों (डाई) शैम्पू तथा साबुन का यथा सम्भव अधिक उपयोग नहीं करना चाहिए। प्रायः यह भी देखा गया है कि अंग्रेजी दवाओं के साइड इफैक्ट्स के कारण भी बाल झड़ने एवं सफेद होने लगते हैं। हारमोन का असन्तुलन एवं रक्ताल्पता (एनीमिया) भी इसका एक प्रमुख कारण माना जाता है।

10

ज्वर (Fever)

ज्वर रोग (Fever)

हमारे शरीर में जब भी तापक्रम 99 डिग्री फारेनहाइट से अधिक होने लगे तो समझें कि बुखार आ गया है। अगर बुखार 102 डिग्री तक चढ़ जाये तो भी ज्यादा परेशान नहीं होना चाहिए। टायफायड, मलेरिया, फ्लू आदि में तो बुखार 104 डिग्री से 105 डिग्री तक जा सकता है, तब इसका तत्क्षण उपचार अत्यन्त आवश्यक होता है। वैसे बुखार को एक रोग न मानकर एक लक्षण माना गया है, जो किसी न किसी रोग के होने अथवा आने का संकेत देता है। इसलिए बुखार जब तक बहुत तेज न हो जाये तब तक यथा सम्भव इसके उपचार करने से बचना चाहिए। जब तक कि कोई अन्य लक्षण भी न दिखायी दे। वैसे जब अचानक तेज बुखार चढ़ आता है तो एकोनाइट या वेलाडोना का प्रयोग आरम्भ कर सकते हैं। प्रायः 30 पोटेन्सी की चार गोलियाँ हर दो घंटे बाद देना चाहिए और अगर सुधार न दिखता हो तो दवा देने का अन्तर बढ़ा दीजिए। इस पर भी यदि लाभ न प्रतीत हो तो दवा बदली जा सकती हैं। ध्यान रखें कि कम पोटेन्सी जैसे 6X 6C, 30X को बार-बार हर दो घंटे या चार घंटे पर देना चाहिए और उच्च पोटेन्सी जैसे 200X, 200C, 1M अथवा इससे उच्च पोटेन्सी की मात्राएँ 24 घंटे में एक बार ही देनी चाहिए।

ज्वर के प्रकारः ज्वर के अनेक प्रकार होते हैं। (क) कालाज्वर इसकी उत्पत्ति एक जीवाणु से होती है। एण्टिम टार्ट इस रोग की प्रधान दवा है, इसके अलावा आर्सेनिक 30, फॉस्फोरस 6, 30 आदि दवायें इसमें प्रयोग में लायी जाती हैं। (ख) डेंगू ज्वर जिसे हड्डीतोड़ बुखार भी कहते हैं। इस ज्वर में मुख्य औषधियाँ एकोनाइट 3X तेज बुखार में, व्रायोनिया 6, 30, वेलाडोना 3, 6 आदि हैं। मलेरिया ज्वर भी प्रायः पाया जाता है। रोगी को सबसे पहले एक खुराक सिनकोना दें, अगर 12 घंटे में फायदा न हो तो एक इपीकाक दें। 12 घंटे बाद फिर सिनकोना दें, अगर फिर भी फायदा न हो तो दूसरी दवा चुनें जैसे आर्सेनिक

एलवम 30, 200, चायना 6, 30, एकोनाइट 3X, व्रायोनिया 30, रसटाक्स 30 आदि। तथा (ग) मियादी बुखार आदि अनेक प्रकार के बुखार होते हैं।

बुखार में प्रभावकारी प्रमुख दवायें

(a) **एकोनाईट 6, 30**– सूखी ठण्डी हवा लगने के अथवा भय आदि के कारण बुखार का आना।

(b) **सिना 300, 200**– कृमि के कारण बुखार का आना।

(c) **चायना 6, 30**– सब तरह के बुखार।

(d) **व्रायोनिया 30**– गर्मी के दिनों में सर्दी लग जाने से बहुत ज्यादा पसीना, ठण्डा पानी पीने की इच्छा होती है।

(e) **वेलाडोना 30**– जोर का बुखार आँखें लाल, हाथ-पैर ठण्डे, तीव्र सिरदर्द का होना।

(e) **आर्सेनिक 30–** सब तरह के बुखार, बेचैनी बार-बार करवट बदलना, जलन, प्यास।

(f) **आर्निका 200**– किसी चोट लगने अथवा गिरने के कारण बुखार।

(g) **डल्कामारा 30**– बरसाती हवा लगने के कारण बुखार का आना।

(h) **इग्नेशिया 200**– शोक, दुःख या आकस्मिक उत्तेजना के कारण बुखार का आना।

(i) **इपिकाक 30**– भोजन की अनियमितता के कारण बुखार।

(j) **पल्सेटिला 30, 200**– शाम के समय बुखार आना। खुली हवा में आराम महसूस करना।

(k) **लाइकोपोडियम 30**– सन्ध्या 4 बजे से रात को 8 बजे तक बुखार की तीव्रता का अनुभव करना।

(l) **रस टाक्स 30, 200–** किसी तरह का टाइफाइड बुखार।

(m) **सल्फर 30, 200**– ज्वर में चर्म सूखा, गर्मी का बहुत अधिक महसूस करना।

(n) **नेट्रमम्यूर 30, 200**– बुखार का 10 बजे से 11 बजे प्रातः आना। पसीना आने पर ज्वर का कम हो जाना।

(o) **मर्क सोल 30, 200–** रात और सुबह में ज्यादा बुखार आना, बदबूदार पसीना।

(p) **फेरम-फास 12**– चेहरा लाल, बहुत तेज बुखार, तेज सिरदर्द।

(q) **पाइरोजिनम 200–** तेज ज्वर का होना नब्ज तेज हो जाती है।

11

फेफड़ा

फेफड़ों के रोग

फेफड़े के रोग के कई प्रकार होते हैं, जैसे- खाँसी, कूकरखाँसी ब्राकाइटिस, प्लुरिसी, छाती में पानी भर जाना आदि।

सूखी खाँसी में एकोनाइट 30, वेलोडोना 30, व्रायोनिया 6-30, कैप्सिकम 6, कूकरखाँसी में एकोनाइट 30, वेलाडोना 30, ब्रोमिन 6X तथा सूखी सर्दी में एमोन कार्व 6X, सर्दी के साथ बेचैनी में आर्सेनिक, आजेण्टम नाइट 30 जाड़ा लगते रहना तथा सिर दर्द में तथा ब्राकाइटिस में एकोनाइट 3X, आर्सेनिक 30, वेलाडोना 6X, व्रायोनिया 30 तथा बच्चों के लिए कैमोमिला 6 उपयोगी दवा है।

1. दमा (Asthma)

यह बड़े उम्र के लोगों को अधिक होता है।

(a) **ब्लाटा ओरिएटालिस मदर टिंचर**– इस रोग की अमूल्य औषधि है।

(b) **आर्सेनिक 30 एपिकाक 30**– दमा के तेज दौरा आने पर दोनों पर्याय क्रम से अर्थात् एक के बाद दूसरी आराम मिलने तक देते रहें।

(c) **एकोनाइट 200**– एकोनाइट 200 की 8 बूँदें गरम पानी में डालकर इस मिश्रण को एक चम्मच प्रत्येक पाँच मिनट में पिलायें।

(d) **इपिकाक 30, लैकेसिस 30**–जैसा ऊपर बताया गया है कि आर्सेनिक एल्व 30 आदि प्रमुख औषधि है। ब्लाटा ओरिएण्टालिस मटर टिंचर इस रोग में बहुत ही असरकारी औषधि मानी गयी है। इसके अलावा अन्य उपयोगी औषधियों में सेनेबा मदर टिंचर एण्टिम टार्ट 30 जब छाती में कफ की धड़धड़ाहट बहुत अधिक हो तब देना चाहिए। दूसरी दवाओं के सेवन करते समय बीच-बीच में सल्फर 30 देते रहना बहुत लाभकारी होता है।

2. छाती में पानी भरना (Pleurisy)

फेफड़ों और छाती के अन्दर के भाग में सूक्ष्म और कोमल आवरण में पानी भर जाने से यह रोग होता है। लेटने में छाती में दर्द, खाँसी, हल्का बुखार, लाल चेहरा, सूजन आदि इस रोग के अन्य लक्षण होते हैं।

इस बीमारी के उपचार में निम्न औषधियाँ प्रभावी मानी गयी है। इनमें 6 प्रमुख हैं, जिनका विवरण निम्नलिखित है।

(a) **ब्रायोनिया 30**– भयंकर श्वास कष्ट, सिरदर्द, कब्ज तथ सुइया चुभोने जैसी पीड़ा।

(b) **अर्निका 200**– छाती की अस्थियों में झिझोड़ने वाली पीड़ा, सम्पूर्ण अंगों में दर्द तथा बार-बार करवट बदलने की इच्छा।

(c) **आर्सेनिक 30**– जल का एकत्रित हो जाना, छाती में तीव्र दर्द का होना शरीर शीतल अत्यधिक दुर्बलता और पीड़ा।

(d) **एण्टिम टार्ट 6**– कफ की अधिकता सिर में चक्कर एवं निद्रा की अधिकता।

(e) **एकोनाइट 30**– गरम शरीर, अधिक प्यास लगना, छाती में भीषण दर्द प्यास बहुत लगती है। श्वास लेने में बहुत कष्ट होता है।

(f) **सल्फर 200**– जब अन्य दवाओं से लाभ न होता हो तो इसे देना श्रेयस्कर होता है।

12

मूत्र रोग

मूत्र रोग (Urinary Diseases)

स्त्री तथा पुरुष दोनों इस रोग से ग्रसित होते हैं, इसके प्रमुख लक्षण है- अत्यन्त कठिनाई एवं दर्द के साथ पेशाब का होना तथा बार-बार मूत्र की इच्छा, पेशाब में जलन का होना भी इसका सामान्य लक्षण होता है। मूत्राशय शोथ का होना भी इसका लक्षण माना गया है।

इन लक्षणों में कैथारिस 30 और कर्वेरिस क्यू को पर्यायक्रम से देने से बहुत लाभ होता है। कैथरिस 30 और सवाल सेरलेटा 3X पयार्य क्रम से लेने से भी इसका उपचार सम्भव है। स्त्रियों की रात्रि कालीन बहुमूत्रता में क्यूरेक्स 30 और सेक्लेरा 3X पर्याय क्रम से तथा अल्फा क्यू+एवेना क्यू भोजन के बाद दिन में दो बार लेना चाहिए।

1. मूत्राशय की पथरी (Renal and Vesical Calculus)

(a) **हाइड्रेजिया क्यू–** यह पथरी निकालने की बहुत उत्तम औषधि है।

(b) **चायना 30–** पित्त पथरी में तेज दर्द होने की स्थिति में इससे बड़ा लाभ मिलता है। प्रतिदिन एक निश्चित मात्रा एक सप्ताह तक देते रहें।

(c) **लाइकोपोडियम 30–** छोटे बच्चों को पेशाब सम्बन्धी दर्द में लाभप्रद होता है।

(d) **वर्वेरिस वलौरिस क्यू–** सुई गड़ने की तरह दर्द, बार-बार पेशाब जाने की इच्छा होती है।

2. पेशाब का बन्द होना (Urine Retention)

मूत्राशय में पेशाब भरा रहता है पर तभी पेशाब बन्द हो जाता है। इसके लिए निम्न औषधियाँ लाभकारी होती हैं।

(a) **आर्सेनिक एल्वम 30–** मूत्रत्याग की इच्छा का नहीं होना।

(b) **ट्रिटिकम एग्रो पाइरन 30**— बार-बार पेशाब करना तथा लगातार पेशाब करने की इच्छा बनी रहती है।

3. पेशाब में खून आना (Haematuria)

पथरी आदि के अथवा अन्य किन्हीं कारणों से मूत्र के साथ रक्तकणों का आना। इस बीमारी में तीन दवायें प्रमुख मानी गयी है, जिनके नाम व विवरण निम्न है।

(a) **टेरेविन्थना 30**— जलन के साथ मूत्र में खून का आना।
(b) **हेमामेलिस 30**— काला-सा गाढ़ा रक्त आना।
(c) **कैन्थरिस 30**— मूत्र में खून, दर्द तथा पेशाब करने में अड़चन।

4. सूजाक (Gonorrhoea)

इसमें पेशाब में मवाद का आना प्रमुख लक्षण है। जिसको यह बीमारी होती है, उसके सम्पर्क में आने से दूसरे व्यक्ति में भी इस बीमारी की सम्भावना बढ़ जाती है।

(a) **एकोनाइट 30**— मूत्र नली में जलन, पेशाब थोड़ा खून भरा हुआ, बेचैनी छायी रहती है।
(b) **कैन्थेरिस 30**— बार-बार पेशाब करने की इच्छा पर पेशाब का थोड़ा-थोड़ा निकलना, पेशाब खून से भरा हुआ।
(c) **कैप्सिकम 30**— बार-बार पेशाब की इच्छा तथा मूत्रत्याग करने के समय बहुत जलन होना।
(d) **जेल्समियम 30**— सूजाक, मवाद, मूत्रनली में टीस भरा दर्द।
(e) **हाइड्रोस्टिस 30**— सूजाक की दूसरी अवस्था में लाभकारी औषधि।
(f) **मार्क कोर 6, 30**— सूजाक, मवाद सहित हरे रंग तथा पीला रंग-सा, पेशाब खून और लाल रंग का।
(g) **थूजा 30, 200**— सूजाक के साथ प्रोस्टेट ग्रन्थि का बढ़ जाना।

5. स्वप्नदोष

रात में सोते समय रतिक्रिया विषयक स्वप्न देखना और परिणामस्वरूप वीर्यपात हो जाना स्वप्नदोष कहलाता है। यह धातु दौर्बल्य का भी एक लक्षण है। निरंतर काम चिन्तन एवं मानसिक व्यभिचार के परिणामस्वरूप यह रोग होता है। इसके परिणामस्वरूप व्यक्ति चिन्ताग्रस्त, अवसादग्रस्त एवं शारीरिक दौर्बल्य का अनुभव करने लगता है।

उपचार

(a) **बेराइटा कार्व 30**- स्वप्नदोष की एक बहुत ही प्रभावी दवा है।

(b) **चाइना 30**- जननेन्द्रिय उत्तेजना एवं स्वप्न में वीर्यपात की प्रभावी औषधि है।

(c) **औरममेट 6**- हस्तमैथुन तथा स्वप्नदोष के कारण आत्महत्या करने की इच्छा।

(d) **कार्बोवेज 30**- सो जाने पर अनजाने में वीर्यपात का होना।

(e) **एसिड फास 30**- दीर्घकालीन से होने वाले स्वप्रदोष जनित शारीरिक एवं मानसिक दुर्बलता की बढ़िया दवा। स्वप्नदोष एवं हस्तमैथुन दोनों आज के युवकों की समस्या है। हस्तमैथुन यद्यपि रोग नहीं आदत है तो की यह मानसिक कमजोरी तथा निरन्तर शारीरिक दुर्बलता हेतु उत्तरदायी है।

हस्तमैथुन की समस्या से निजात पाने के लिए होमियोपैथी में निम्न पाँच दवायें बहुत ही प्रभावशाली हैं जिनके नाम हैं-

(a) **एसिडफास 30**- अकारण उत्तेजना।

(b) **चायना 3**- जननेन्द्रिय की कमजोरी में।

(c) **कैन्थरिस 3**- बच्चों में संयम करने की इच्छा में कमी होने लगती है।

(d) **प्लाटिनी 6**- बालिकाओं की आदत छुड़ाना।

(e) **ओरिगेनम मेजोरेना 3**- हस्तमैथुन की आदत छुड़ाना।

13

त्वचा के रोग

1. फोड़े-फुन्सियाँ (Boils)

(a) **आर्निका माण्टेना 200**- यह फुन्सियों के रोकने में बहुत सहायक है।

(b) **इग्नेशिया**- लगातार फुन्सियाँ निकलने को रोकने में सहायक होता है।

(c) **काली कार्ब 30**- मलद्वार के चारों ओर खुजलाहट एवं फुन्सियाँ।

(d) **टेरण्टुला क्यूबेन्सिस 30**- फुन्सियों के उपचार हेतु प्रभावी दवा।

2. दाद (Eczema)

यह एक प्रकार का चर्म रोग है। खुजली और जलन होती है। चकत्ते हो जाते हैं। निम्न औषधियाँ लाभकारी होती हैं-

(a) **कैलकेरिया कार्ब 200**- थुलथुले बच्चों का एक्जिमा ठीक करती है।

(b) **आर्सेनिक एलवम 30**- त्वचा मोटी, जलन तथा मवाद पड़ जाना।

(c) **क्रोटन टिटा 30**- अण्डकोष की थैली के एग्जिमा में लाभ।

(d) **हिपर सल्फ 30**- एग्जिमा में मवाद पड़ जाना।

(e) **सीपिया 1000**- दाद, सफेद दाने, अँगुलियों के बीच खुजली।

(f) **नैट्रम म्यूर 200**- बच्चों के सिर पर एग्जिमा के मवाद में पपड़ी पड़ जाना।

(g) **रसटाक्स 200**- चेहरे पर होने वाले एग्जिमा में लाभदायक है।

3. पित्ती (Urticaria)

(a) **पल्सेटिला 30**- पित्ती की दवा, ठण्ड से आराम गरम से वृद्धि।

(b) **एपिस 1000**- बड़े-बड़े लाल सूजे चकत्ते दिखायी देते हैं।

(c) **अर्टिका यूरेन्स 3**- पित्त की प्रभावशाली दवा मानी जाती है।

4. मुहाँसे (Acne, Pimples)
   (a) **डल्का मारा 30**- मासिक के पहले मुहाँसों का आना।
   (b) **एन्टिम टाई 30**- मुहाँसे जिनमें मवाद भरी होती है।
   (c) **थूजा 30**- चेहरे तथा नाक पर सीने व पीठ पर सभी जगह फैलने वाली फुन्सियाँ।
   (d) **बोरेक्स 3X**- जैतून के तेल में मिलाकर लगाने से आराम होता है।

5. धूप से झुलसना (Sun Burn)
   (a) **आस्टिलगो 30**- धूप में झुलसी हुई खाल को ठीक करती है।

6. लू लगना (Sunstroke)
   (a) **नेट्रम कार्ब**- लू लगने में प्रभावी दवा।
   (b) **ग्लोनाइन 200**- सिरदर्द, शरीर का ताप, वमन, कलेजा धड़कना।
   (c) **नेट्रम म्यूर 30**- होंठ सूख जाते हैं, सिरदर्द बहुत ही तीव्र होता है।

14

मोटापा (Obesity)

मोटापा आज की आधुनिक जीवनशैली की देन है। आज के अधिकतर बच्चे, स्त्रियाँ, पुरुष सभी इस समस्या से ग्रस्त नजर आते हैं। इसके कारण मनुष्य अन्य बीमारियों से ग्रस्त हो रहा है। जैसे उच्च रक्तचाप, मधुमेह, हृदय रोग आदि, मोटापा के कारणों में खान-पान एवं गलत जीवनशैली, श्रम का अभाव, हारमोन्स का असन्तुलन एवं दिमाग के हायपोथेलेमिक भाग की गड़बड़ी आदि कारण हैं। मोटापा घटाने में सहायक अन्य उपाय है, किन्तु मैं यहाँ होमियोपैथिक दवाओं द्वारा इन समस्याओं से छुटकारा पाने के प्रयास की ही चर्चा करना चाहूँगा।

(a) **फाइटोलैक्का बेरा 3X**- मोटापा घटाने की बहुत बढ़िया औषधि है।

(b) **कैलकेरिया कार्ब 30**- मोटे थुलथुले रोगी, शारीरिक एवं मानसिक थकान से ग्रसित, ठण्ड के मौसम में परेशानी, शुष्क मौसम में बेहतर महसूस करना, 200 शक्ति की दवा भी ले सकते हैं।

(c) **अमोनियम म्यूर 30**- यह बढ़ा हुआ तोंद घटाने में बहुत उपयोगी दवा है।

(d) **ग्रेफाइटिस 30**- मोटे तथा थुलथुल शरीर वाले लोग इसे कम से कम दो बार रोजाना ले सकते हैं।

(e) **नेट्रम म्यूर 200**- नमक की ज्यादा इच्छा, पेशाब अधिक, गर्मी ज्यादा महसूस होती है।

(f) **थायरोइडियम**- हारमोन के कारण बढ़े हुए मोटापे में लाभप्रद, 3X शक्ति की तीन खुराकें प्रतिदिन कम से कम 15 दिन तक प्रयोग करें।

(g) **पल्सेटिला**- स्त्रियों के कम मासिक स्राव, कमरदर्द, जीभ सूखी, प्यास का अभाव, 200 शक्ति में दें।

(h) फ्यूकस वेसिक्युलोसिस- इसके मदर टिंचर की 10-10 बूँदें तीन बार दिन में खाना खाने के पहले लेनी चाहिए। यह मोटापा घटाने की असरदार दवा है, विशेष कर जब लगातार कब्ज भी बना रहता है।

15

पुरुष प्रजनन अंगों के रोग

1. शुक्रमेह (Spam Alorrhoe)

जल्दी-जल्दी इन्द्रिय उत्तेजना, हस्तमैथुन, वासनामय विचार तथा स्त्री के देखने मात्र से वीर्यपात आदि। रोगी दुर्बल, आँखों के नीचे कालिमा।

(a) **पल्सेटिला 30**- जीभ सूखी निराशा से भरी मानसिक प्रवृत्तियाँ।

(b) **स्टैफिसकेग्रिया 100**- छात्रों में हस्तमैथुन तथा हस्तमैथुन के दुष्परिणामों को रोकने तथा उपचार करने की उत्तम औषधि।

(c) **औरम मेटालिकम 30**- पुरुष इन्द्रिय का सिकुड़ जाना तथा नपुंसकता में प्रभावी।

2. नपुंसकता (Impotence)

(a) **लाइकोपोडियम**- वृद्धावस्था में कामेच्छा का तीव्र होना, किन्तु सहवास में असमर्थता।

(b) **सेलेनियम 200**- वासना अधिक परन्तु शक्ति की कमी, कामोत्तेजक कल्पनाओं में अधिक रुचि।

(c) **फास्फोरम 30**- अत्यधिक वीर्यक्षय हो जाने की स्थिति में वीर्य का निकलना ही बन्द सा हो जाता है।

(d) **कोनाइम 30**- जबरदस्ती कामदमन के परिणामों कारण दमित भावनाओं की पीड़ा।

(e) **एगैरिस 30**- सहवास में असमर्थता, परेशानी एवं अधिक पसीना का आना।

(f) **कैलेडियम 30**- सोने की स्थिति में कामोत्तजना, किन्तु जागने पर गायब हो जाना।

(g) **एग्नस कैस्टस 30**- स्त्री सहवास की इच्छा का कम हो जाना। सेक्स जीवन निम्न स्तर का।
  (h) **थूजा 1000**- गनोरिया के कारण नपुंसकता।
  (i) **स्वप्नदोष**- एसिड फास की 30 की दो बूँद दिन में तीन बार लें।

3. अण्डकोष की सूजन (Hydrocell)

अण्डकोष जो मूत्र नली के नीचे लटकते हैं, उनमें प्रायः सूजन आ जाती है।

  (a) **कैल्केरिया कार्ब 30**- छोटी उम्र के बच्चों को इस रोग के होने में दें।
  (b) **रसटाक्स**- सर्दी लगने से रोग की उत्पत्ति में प्रभावी।
  (c) **पल्सेटिला**- बायें अण्डकोष की बीमारी में विशेष लाभप्रद।
  (d) **औरममेट 200**- दाहिने अण्डकोष की वृद्धि में लाभदायक।
  (e) **रोडोजेण्ड्रन 200**- यह भी दायें अण्डकोष की वृद्धि में प्रयोग होता है।
  (f) **एवोटेनम 200**- छोटे बच्चों की कमजोरी तथा अण्डकोषों के बढ़ने में प्रभावी दवा होती है।

4. प्रोस्टेट ग्रन्थि की सूजन (Prostatitis)

लगभग 60-70 वर्ष की आयु वाले पुरुषों में मूत्राशय के निवासद्वार पर स्थित प्रोस्टेट ग्रन्थि जब आकार में बढ़ जाती है तो मूत्र के सामान्य प्रवाह में रुकावट पैदा हो जाती है। मूत्र तन्त्र में संक्रमण का खतरा उत्पन्न हो जाता है, पेशाब तकलीफ के साथ बूँद-बूँद निकलती है। प्रोस्टेट ग्रन्थि में सूजन आ जाती है।

  (a) **कैथेरिस 30**- मूत्र मार्ग में संक्रमण बार-बार पेशाब आना, पेशाब रोक पाने की असमर्थता।
  (b) **हेमेमिलिस 30**- पेशाब की बार- इच्छा, खून का आना।
  (c) **एपिस 30**- पेशाब में जलन, बार-बार हाजत चुभन जैसा दर्द, पीले रंग के पेशाब, अत्यधिक जलन और दर्द महसूस होना।
  (d) **केप्सिकम 30**- पेशाब में जलन, पाखाना में भी ऐसी ही भयंकर जलन। 30 शक्ति की औषधि दिन मे 3 बार एक सप्ताह तक ले सकते हैं।
  (e) **लाइकोपोडियम 30**- पेशाब होने के पहले कमर दर्द होना तथा पेशाब धीरे-धीरे होना। लाइकोपोडियम 30 शक्ति की 4-6 गोलियाँ सुबह-शाम चूसनी चाहिए कुछ दिन बाद इसकी 200 शक्ति की 4-6 गोलियों की एक खुराक लेने से मूत्र पथरी बनने की संभावना नहीं रहती है।

(f) **सैवेलसैरुलाटा**- हर समय पेशाब करने की इच्छा, प्रोस्टेट ग्रन्थि बढ़ी हुई, रात में सोते समय अपने आप पेशाब का हो जाना, मूल अर्क में 10 बूँद दवा 2-3 बार सेवन करें।

(g) **बेराइटा कार्ब 200**- बुढ़ापे में प्रोस्टेट ग्रन्थि का बढ़ना, याददाश्त की कमी।

(h) **कैलकेरिया फ्लोर 200**- वृद्धजनों के ग्लैण्ड बढ़ जाने में लाभदायक।

5. उपदंश (Syphilis)

यह एक छूत की बीमारी है। ऐसी स्त्री के साथ जिसके जननेन्द्रिय में उपदंश जनित क्षय हो, मैथुन करने से यह रोग होता है।

(a) **मर्कसोल 6, 30, 200**- यह उपदंश की प्राथमिक अवस्था में बहुत उपयोगी दवा है।

(b) **आरम मेट 30, 200**- यह उपदंश की दूसरी अवस्था में लाभकारी दवा है।

(c) **आर्सेनिक एल्ब 6, 30**- आग के समान अत्यधिक जलन एवं बेचैनी में दवा दें। पतला स्राव एवं दुर्गन्धित।

6. भगन्दर (Fistula In-axo)

मलद्वार के ठीक चारों ओर एक तरह का नासूर होता है जिसे भगन्दर कहते हैं। यह तीन प्रकार का होता है। (1) कम्पलीट फिश्चुला (2) ब्लाइण्ड इण्टरनल फिश्चुला और (3) ब्लाइण्ड एक्सटरनल फिश्चुला।

(a) **साइलिशिया 30**- इस रोग की महौषधि है।

(b) **सल्फर 30**- मलद्वार पर सूजन और टीस सा दर्द।

(c) **कार्बेरिस 30**- छूने में दर्द, बैठने में कष्ट।

(d) **एसिड फ्लोरिक 30, 200**- इस बीमारी में यह औषधि भी बड़ी गुणकारी होती है।

16

स्त्री रोग (Female Diseases)

स्त्री रोग (Female Diseases)

अधिकतर महिलाओं की समस्यायें मासिक स्राव से सम्बन्धित होती है, उन्हें मासिक स्राव की अनियमितताओं के कारण अनेक कष्ट भोगने पड़ते हैं। इसके पहले कि उनका इलाज आरम्भ किया जाये उनकी बीमारी के लक्षणों का बारीकी से अध्ययन करना चाहिए, इसमें विवरण, लक्षण, देखना, सुनना, प्रश्न करना सभी शामिल होना चाहिए। इसके अतिरिक्त मात्राएँ निर्धारण करने में भी सावधानी बरतनी चाहिए। जैसे (1) प्रारम्भ में 30 पोटैन्सी की चार-चार गोलियाँ हर दो घंटे बाद देने से चिकित्सा आरम्भ करनी चाहिए। अगर सुधार दिखायी पड़े तो अन्तर बढ़ा दें और अगर 3-4 मात्रायें दवा देने पर भी सुधार न हो तो दवा बदल दें। निम्न पोटेन्सी जैसे 6X, 6C, 30X को हर दो घंटे या चार घंटे पर देना चाहिए। उच्च पोटेन्सी जैसे 200X, 200C अथवा इससे उच्च पोटेन्सी की मात्रायें 24 घंटे में एक बार ही देनी चाहिए। अगर दवा या पोटेन्सी बदलने से लाभ न हो तो रोगी को अस्पताल में भर्ती करा दें।

1. रजोवोध (मासिक धर्म का रुक जाना (Amenorrhoa)

इसमें निम्न दवायें उपयोगी होती हैं।

(a) **एकोनाइट 30**- भयंकर सिरदर्द, ठण्ड लगना, पीड़ा एक बार मासिक होकर मासिक धर्म का बन्द होना।

(b) **सल्फर 30**- अगली बार मासिक समय पर न होना।

(c) **ब्रायोनिया 30**- मासिक के बदले नाक से खून आना, प्यास अधिक, कब्ज का होना।

(d) **ग्रेफाइटिस 30**- बहुत देर तक बहुत थोड़ा मासिक स्राव, पीला रंग का मासिक स्राव।

(e) **पल्सेटिला 30**- दर्द अनियमित, पहली माहवारी में देर, खुली हवा पसंद।

6. **नेट्रम म्यूर**- रज, रोध, नमक की तीव्र इच्छा, कब्ज।

2. विलम्ब के स्राव (Delayed Mansuration)

(a) **ग्रेफाइटिस 30**- अकसर मोटी स्त्रियों में विलम्ब से रज स्राव होता है।

(b) **पल्सेटिला 30**- माहवारी देर से होना।

(c) **केलकेरिया फास 30**- पहले लाल फिर काला तथा तेज दर्द के साथ स्राव होना।

(d) **सेनेसियो क्यू**- पहली बार रज स्राव होकर किसी कारण से माहवारी बन्द हो जाना।

3. अति रज स्राव (Menorrhagia)

माहवारी का ज्यादा मात्रा में आना भी औरतों की आम बीमारी है। इसमें निम्न दवायें उपयोगी होती है।

(a) **हाईड्रेस्टिस 30**- अतिस्राव की दशा में बहुत ही प्रभावकारी औषधि।

(b) **कैलकेरिया 30**- रोगिणी थुलथुल होती है, पसीना ज्यादा आता है।

(c) **इपिकाक 30**- मितली के साथ अधिक रजस्राव का होना, लाल रक्त।

(d) **चायना 30**- अति रजस्राव में उपयोगी दवा।

(e) **फेरम मेट 30**- रजस्राव का बहुत अधिक बढ़ जाना।

(f) **मैग कार्ब 30**- रात में अति स्राव का बढ़ जाना।

4. श्वेत प्रदर (Leucorrhoea)

(a) **नेट्रम म्यूर 30**- नीला सफेद प्रदर तथा पीठ में असहनीय दर्द का होना।

(b) **बोरेक्स 6**- अधिक गर्मी का अहसास तथा चक्कर आना।

(c) **हाइड्रेस्टिस 6**- प्रदर गाढ़ा पीला, कमजोरी तथा कब्ज।

(d) **पल्सेटिला 30**- गाढ़ा पीला नीला जैसा, प्यास का अभाव।

(e) **ओवाटोस्टा 3X**- प्रदर की विशिष्ट दवा।

6. **सल्फर 1000**- पुराना प्रदर।

5. चेहरे पर बाल

पुरुष की तरह स्त्रियों के भी चेहरे, गर्दन तथा स्तनों पर बालों का उग जाना।

(a) **पल्सेटिला 1000**- बहुत ज्यादा भावुक, जिद्दी बात-बात पर रोना, मूडी, मासिक धर्म देर से आना।

(b) **थूजा 1000**- चेहरे पर बाल, मोटी तथा थुलथुली स्त्रियाँ, दाढ़ी मूँछ निकलने पर इस दवा का (थूजा 1M) हर महीने एक बार गर्मियों में ओलियम जैकारिस 30 तथा सर्दी में औलियम जैकारिस 3X दीजिए।

(c) **सीपिया 200**- 1000 जो स्त्रियाँ जल्द ही अपने परिवार से ऊब जाती हैं। बात करना पसन्द नहीं करती तथा अकेले में ही रहना पसन्द करती है।

(d) **केलकेरिया कार्ब 200**- शरीर मोटा, गोरी ज्यादा रक्त स्राव।

(e) **नेट्रम म्यूर 200**- 1000 जो स्त्रियाँ प्रेम, निराशा में हताश, अकेले में रोती हैं, नमक खाने की इच्छा अधिक।

(f) **सल्फर 200**- चमड़ी नहाने के बाद गन्दी।

(g) चेहरे पर मुहाँसों के लिए ऐस्टोरियास 30 की दो बूँद दिन में दो बार लें।

6. गर्भपात (Abortion)

कहावत है कि एक बार गर्भपात, बारम्बार गर्भपात। प्रायः देखा गया है कि यदि किसी स्त्री को किसी मास में गर्भपात हुआ तो दुबारा उसी मास में पुनः गर्भपात होता है।

गर्भपात रोकने के उपाय

(a) **सेवाइना 3X**- यदि प्रथम तीन मास में गर्भपात होने के लक्षण उपस्थित हो, पेट में दर्द और खून दिखायी दे।

(b) **सिकेलिकार 30**- यदि यह कष्ट चौथे मास या उसके उपरांत हो तो इसे प्रयोग करें, यह रक्त स्राव की बढ़िया दवा है। सीपिया 1000 भी तीसरे, पाँचवें और सातवें माह में होने वाले गर्भपात की दवा है।

(c) **अर्निका 30**- गिर पड़ने, भारी चीज उठाने पर अथवा चोट लगने से गर्भपात होने की संभावना हो तो इसे देना चाहिए।

(d) **कैमोमिला 3**- मानसिक उत्तेजना और क्रोध की प्रधानता में यह लाभकारी होता है।

(e) **इग्नेशिया 30**- यदि रोगिणी को किसी भी प्रकार का मानसिक आघात हो, जैसे पति शोक, पुत्र शोक आदि।

(f) **एकोनाइट 30**- डर जाने से भी गर्भपात हो जाने की संभावना में इसे दें।

गर्भस्राव की चिकित्सा

यदि गर्भस्राव हो जाये तो ऐसा उपाय करें कि गर्भ से भ्रूण अवश्य ही निकल जाये, यदि इसमें विलम्ब होता हो तो इसके लिए पल्सेटिला 30, सिकेली 30, चायना 30 या कैन्थरिस बढ़िया दवायें मानी गयी है। इसी प्रकार कभी-कभी नकली प्रसव का दर्द होता है। उसमें कोलोफाइलम 30, कैमोमिला 6, नक्स वामिका 30 उपयुक्त दवायें होती है।

7. गर्भावस्था की मितली

(a) **इपिकाक 200**- जब निरन्तर मितली होती हो।

(b) **नक्स वोमिक 30**- उल्टी की अपेक्षा मितली अधिक हो।

(c) **नेट्रम म्यूर 30**- बार-बार मितली।

(d) **आर्सेनिकम 30**- खाने-पीने के बाद मितली।

8. प्रसव में विलम्ब (Delayed Labour)

(a) **पल्सेटिला 1000**- अत्यन्त विलाप के साथ थोड़ा दर्द।

(b) **नक्स बोमिका 1000**- अनियमित निष्फल प्रसव पीड़ा।

(c) **जेलसिमियम 1000**- निचले पेट में काटने जैसी पीड़ा।

(d) **कैमोमिला 200**- अत्यन्त कष्टदायक वेदना होती हो।

(e) **वेलडोना 200**- सहसा वेदना में वृद्धि और सहसा आराम।

9. प्रसूति ज्वर (Puerperal Fever)

प्रसूति ज्वर में निम्न दवायें बड़ी उपयोगी हैं-

(a) **एकोनाइट 30**- गरम शरीर भंयकर ठण्ड।

(b) **ब्रायोनिया 30**- मुख का सूखना, बैठने पर वमन, चक्कर।

(c) **आर्सेनिक 30**- पेट में जलन, कमजोरी अत्यन्त ठण्ड का अनुभव।

(d) **बेलाडोना 30**- पेट में प्रसव पीड़ा सा दर्द।

10. बाँझपन (Sterility)

स्त्रियों को संतान न होना बाँझपन कहलाता है। शारीरिक दुर्बलता, जरायु में अर्बुद, जरायु का टेढ़ा होना, योनि की संकीर्णता, चर्बी का बढ़ना, ऋतु में गड़बड़ी, प्रदर रोग, अत्यधिक मैथुन आदि कारणों से यह समस्या उत्पन्न होती है। गर्भ रहने के लिए स्त्री के रज और पुरुष का वीर्य दोनों निर्दोष होने चाहिए। दो में से यदि किसी एक का भी दोष होगा तो गर्भाधान नहीं होगा। बाँझपन के तीन

प्रकार बताये गये हैं। (1) जन्म बन्ध्या (2) मृत बन्ध्या और (3) काक बन्ध्या। आयुर्वेद के मत से बाँझपन के 7 कारण माने गये हैं।

औषधियाँ

(a) **आयोडिन 200**- जिन स्त्रियों के स्तन सूख जाते हैं।

(b) **सीपिया 200**- समागम के समय कष्ट, उदासीनता।

(c) **कोनाइम 30**- डिम्ब कोष की क्षीणता।

(d) **कैलकेरिया फ्लोर 200**- जरायु और डिम्ब कोष में अवरुद्धता के कारण बाँझपन।

(e) **बोरेक्स 30**- श्वेत प्रदर के कारण बाँझपन।

(f) **प्लेटिनम 30**- अत्यधिक कामोन्माद होने पर लाभप्रद।

(g) काम की इच्छा की कमी में डैमियाना क्यू की 10 बूँद सुबह-शाम लेना चाहिए।

टिप्पणी

(a) **मनचाही संतान पैदा करना**- गर्भाधान के समय दोनों पुरुष और स्त्री के मन में जैसा ख्याल होता है, उसी के अनुसार बच्चे का लिंग भेद होता है। पुरुष के दायें वीर्य कीट और स्त्री के बायें रजकीट मिलने से लड़का तथा पुरुष के बायें वीर्य कीट तथा स्त्री के दायें रजकीट मिलने से लड़की होती है।

(b) **गर्भ में पुत्र**- पुत्री के पहचान के लिए यह ध्यान देना चाहिए कि गर्भ में लड़का रहने से गर्भिणी के बाये अंग पर विशेष प्रभाव पड़ता है। गर्भिणी की बायीं आँख दाहिनी की अपेक्षा बड़ी हो जायेगी। बायें अंगों में स्फूर्ति और दायें अंगों में शिथिलता मालूम होने लगेगी। गर्भ में लड़की रहने पर लड़का रहने के विपरीत दायें अंगों पर विशेष क्रिया का अनुभव होगा।

(c) **पुत्र-पुत्री होने के कारण**- गर्भाधान काल में ऋतु सम्बन्धी रक्त की अधिकता से कन्या होती है और शुक्र धातु के अधिक होने से पुत्र होता है।

17

हड्डियों के रोग और जोड़ों के दर्द
(Bones, Jonts and Muscular Pains)

1. सन्धि शोथ (Arthritis)

इसे बीमारी में सन्धियों का शोथ एवं अँगुलियों, कलाई, घुटने, कंधे में सूजन आ जाती है। यह रोग बहुत ही पीड़ाजनक होता है। इस रोग के लिए निम्न दवायें हितकारी मानी गयी हैं-

(a) **गुलथेरिया क्यू**- इसकी मालिश करने से जोड़ों में आराम मिलता है।

(b) **कोलोफाइलम 200**- छोटे जोड़ों के दर्द में प्रभावी दवा है।

(c) **मोरगन बेसिलस 200**- सन्धियों के शोथ को ठीक करने से सहायक। आरथ्राइटिस के प्रमुख लक्षणों में सूजन, दर्द एवं अकड़न रहता है तथा उनका हिलाना डुलाना मुश्किल हो जाता है। लेटने के बाद उठने पर जोड़ों में अकड़न मालूम पड़ती है। जोड़ों के साथ मांसपेशियों में भी कमजोरी आने लगती है तथा हाथों के पकड़ने की आदत कमजोर होने लगती है।

2. गठिया (Gout)

शरीर की छोटी-छोटी सन्धियों के आक्रान्त होने पर उसे गठिया कहा जाता है। खून में यूरिक एसिड मौजूद होता है। अकसर अधिक उम्र वालों को यह बीमारी हो जाती है।

उपचार

(a) **पल्सेटिला 30**- दर्द जब एक सन्धि से दूसरी सन्धि में आता जाता है।

(b) **कोलचिकम 30**- चलने फिरने वाला दर्द, कभी-कभी एक सन्धि से दूसरी सन्धि में चला जाता है।

(c) **आर्निका 30**- सन्धियों में कुचलने जैसा तीव्र दर्द होता है।

(d) **एकोनाइट 30**- तेज बुखार प्यास बेचैनी तथा मानसिक कष्ट।

(e) **कल्केरिया कार्ब**- ऋतु परिवर्तन के कारण रोग का बढ़ना। गठिया के लक्षण- जोड़ों में दर्द, अकसर सुबह शाम अकड़न, जोड़ बड़े हो जाते हैं या उनमें सूजन आ जाती है। जोड़ के आसपास गर्माहट रहती है।

3. मांसपेशियों का दर्द (Myalgia)
इस बीमारी में निम्नलिखित औषधियाँ बड़ी कारगर होती है।

(a) **एक्टिया रेसिमोसा 200**- मांसपेशियों के दर्द के लिए बहुत ही प्रभावी औषधि मानी गयी है।

(b) **अर्निका 200**- मांसपेशियों में दर्द की अधिकता हो और ऐसा प्रतीत होता हो कि किसी ने कुचल दिया हो।

4. वात रोग (Rheumatism)
बड़े जोड़ों, मांसपेशियों एवं पुट्ठों में होने वाले दर्द को वात रोग कहते हैं। प्रायः जोड़ विकृत हो जाते हैं, इस लक्षण के कारण इसे रूमेटाइट सन्धिशोथ कहते हैं।

उपचार

(a) **रस टाक्स 200**- वर्षा से वातरोग, ठण्ड में घूमने से, वर्षा ठण्ड एवं नमी के कारण वातरोग।

(b) **ब्रायोनिया एल्वा 30**- कब्ज के साथ दर्द हिलने से बढ़ता है गर्म, प्यास अधिक।

(c) **कास्टिकम 200**- वृद्धावस्था में लाभकारी औषधि है।

(d) **लाइकोपोडियम 30**- अँगुलियों एवं जोड़ों में तीव्र दर्द होता है। शाम 4 बजे से 6 बजे तक दर्द बढ़ने लगता है।

(e) **फाइटोलेक्टा**- वातजनित दर्द, कमर में दर्द सबेरे बढ़ता है।

(f) **लिडम पाल 200**- जब दर्द ऊपर की तरफ बढ़े, बर्फ तथा ठण्डे पानी लगाने से घटता हो।

(g) **सिमिसिफ्यूगा 200**- बड़ी उम्र की औरतों में प्रधान उपचारक शक्ति।

(h) **पल्सेटिला 30**- रोने जैसी अवस्था में स्त्रियों को होने वाली दर्द का सेक कराने से घटता है प्यास नहीं लगती।

(i) **मर्क सोल 30**- दर्द रात में बढ़ता है, फ्लू के बाद वातरोग।

(j) **डल्कामारा 30**- मौसम के परिवर्तन से प्रभावित, भींगने पर ठण्ड लगने से दर्द।

(k) **मेडोरिनम 200, 1000**- परिवार में गठिया या वातरोग होने पर इसका प्रयोग किया जाता है।

5. अस्थिभंग (Fracture)
हड्डी को टूटने को अस्थिभंग कहते हैं।
  (a) **सिम्फाइटम 200**- हाथों और अँगुलियों का अस्थिभंग, इसे कुछ सप्ताह तक लें।
  (b) **रूटा 200**- जब कलाई के जोड़ की हड्डी टूट गयी हो या खिसक गयी हो।
  (c) **आर्निका 200**- अस्थिभंग होने की बढ़िया दवा।

6. लकवा (Paralysis)
अंगों में संचालक शक्ति की कमी का होना, जिस अंग में लकवा हो जाता हैं उसमें शक्ति नहीं होती न गति होती है।

उपचार
  (a) **एकोनाइट नेप 30**
  (b) **रस रेडिकन्स**- निम्न अंगों का लकवा।
  (c) **एल्यूमिना 200**- पेशियों की पक्षघातिक दशा, एड़ियाँ सुन्न हो जाती है।
  (d) **जेल्सेपियम 200**- सारे अंग शिथिल पड़ जाते हैं, उनमें सुन्नपन, मांसपेशियों की शिथिलता तथा अंगों में समन्वय शक्ति का अभाव।
  (e) **प्लम्वम मेट 200**- किसी एक पेशी विशेष में पक्षाघात।
  (f) **हाइपेरिकम 200**- चेहरे के पक्षाघात के लिए उपयोगी दवा होती है।

7. पोलियो (Poliomyelitis)
यह संक्रामक रोग माना जाता है। इसमें पोलियो विषाणु का संक्रमण होता है यद्यपि यह शरीर के किसी भी अंग में हो सकता है। किन्तु रोगी के हाथ और पाँव इस रोग से ज्यादा ग्रस्त होते हैं।
  (a) **केलिफास 6X**- यह बायोकैमिक दवा है तथा लाभकारी है।
  (b) **जेल्सीमियम 200**- मांसपेशियों की शिथिलता, प्यासहीन ज्वर, अत्यधिक कमजोरी, अधिक मात्रा में पेशाब का होना, एड़ियाँ फर्श को स्पर्श नहीं करती।

(c) **कास्टिकम 1000**– मांसपेशियों की शक्ति में कमी, अंधेरे और एकान्त में भय, अंगों का टेढ़ापन कमर घुटनों एवं पैरों में कष्ट की तीव्र अनुभूति।

(d) **लेथाइरस सटाइवस 200**– शरीर के निचले भाग में पक्षाघात, अँगुलियों की नोंक सुन्न निम्न शरीर के अंगों का सूख जाना। टाँगों में अत्यधिक कड़ापन, एड़ियाँ फर्श को स्पर्श नहीं करती है, जीभ सूखी, पैरों में ऐंठन तथा कंपन जो ठण्ड से बढ़ने लगता है।

8. अस्थिशोथ (Rickets)

बच्चों में पोषण तथा विटामिन–डी की कमी से बच्चे दुर्बल तथा हाथ–पैर की हड्डियाँ पतली हो जाती हैं।

(a) **एब्रोटेनम 30**– बड़ा पेट पतले घुटने।

(b) **साइलेशिया**– पैरों में पसीना, पेट बड़ा हो जाता है, दुर्गन्धित दस्त।

(c) **आर्सेनिक आयोड 6**– जीर्ण शरीर, माथा बड़ा तथा पेट भी बड़ा दिखायी देता है। बच्चे बहुत ही दुर्बल दिखते हैं।

(d) **कैल्केरिया कार्व 30**– सिर में पसीना, पतले दस्त, ठण्ड लगना, कमजोरी, जीर्ण शरीर का होना।

9. साइटिका (Sciatica pain)

इसका दर्द नितम्ब से शुरू होकर नीचे की ओर पैरों तक उतरता है। यहाँ पर साइटिक नर्व होती है। अतः इसमें होने वाली पीड़ा को साइटिका दर्द कहते हैं। इसे गृधसी वात भी कहते हैं।

(a) **एमोनम्यूर 3X**– बैठे रहने से दर्द बढ़ जाता है। चलने–फिरने से कम होता है। बैठ जाने से दर्द बिल्कुल बन्द हो जाता है।

(b) **रसटक्स 3**– गीला वस्त्र पहनने से गीलेपन के कारण दर्द उत्पन्न होने पर इसका प्रयोग करें।

(c) **मैग्नेशिया फास 2X**– बिजली लगने की तरह दर्द का होना।

(d) **लाइकोपोडियम 12**– दाहिने अंग का वात।

(e) **कोलोसिन्थ 3**– इस रोग की बढ़िया दवा, दर्द एकाएक पैदा होना और एकाएक खत्म हो जाना।

(f) **नेफेलियम 30**– स्नायुओं में तेज दर्द, ऐंठन और तीव्र वेदना होती है। सल्फर 200 पुराने रोगियों के लिए लाभकारी होता है।

10. कमर दर्द

कमर दर्द का मुख्य कारण गलत ढंग से बैठना, खड़े होना, सोना एवं गलत ढंग से झुककर सामान उठाना है। आप हमेशा सीधे बैठने की आदत डालें, रीढ़ और कमर पर कहीं से झुकाव नहीं होना चाहिए।

(a) **जिंकम नेट**- कमर दर्द, छूना भी पीड़ादायक, कन्धों में तनाव, कन्धों में टूटन ऐंठन, यह दवा 30 शक्ति में देनी चाहिए। स्त्रियों में भी मासिक स्राव के समय भयंकर कमर दर्द होता है उनके लिए सीपिया, एल्युमिना उपयुक्त औषधि है।

(b) **ब्रायोनिया 30**- दिन में 3-4 बार एक हफ्ते तक ले सकते हैं।

(c) **कालीकार्व 30**- इसे लेने के बाद दो-तीन खुराक 200 शक्ति की भी ले सकते हैं।

(d) **कास्टिकम 30**- इस पीड़ा में लाभकारी औषधि होती है।

18

हृदय रोग (Heart Diseases)

1. उच्च रक्तचाप (High Blood Pressure)

हमारे शरीर में धमनी या शिरा द्वारा रक्त पूरे शरीर में संचालित होता रहता है। किन्हीं कारणों से धमनियों के मोटे हो जाने पर रक्त संचालन में बाधा उत्पन्न होने लगती है। तब हृदय को अधिक दबाव देकर रक्त को सारे शरीर में पहुँचाना पड़ता है, इसे ब्लड प्रेशर कहते हैं।

हृदय सम्बन्धी बीमारियों के मुख्य लक्षण

हृदय में पीड़ा, हृदय के दौरे का मुख्य लक्षण है, इसे एंजाइना कहते हैं। दूसरा लक्षण है- दिल की तेज एवं बढ़ी हुई धड़कनें, इसके अलावा लेटने में साँस लेने में कष्ट होना, साँस लेने में अत्यधिक तकलीफ होना, चेहरे पर पीलापन, धीमी नाड़ी गति तथा उल्टी महसूस होना। हाथ-पैर में नीलापन आ जाना आदि, इस रोग के प्रमुख लक्षण होते हैं।

उपचार

(a) **रावलफिया सरपेन्टिना क्यू**- उच्च रक्तचाप की बहुत लाभकारी दवा है।

(b) **सैगुनेरिया कैन 200**- वृद्ध स्त्रियों के रक्तचाप की उत्तम औषधि है।

(c) **फॉस्फोरस 200**- रोगी को नमक खाने की तीव्र इच्छा होती है।

(d) **वेराइटा म्यूर 200**- गुर्दों की खराबी के कारण विशेषकर बूढ़े लोगों के लिए लाभकारी दवा।

(e) **औरम मेटालिकम 200, 1000**- यदि रोगी में आत्महत्या करने की इच्छा बार-बार उठती हो।

(f) **जैल्सीमियम**- चिन्ताजनक समाचार सुनने से आघात के कारण।

(g) **क्रैटिगस क्यू**- डिस्टोलिक प्रेशर बहुत ज्यादा हो तथा सिस्टेलिक प्रेशर बहुत कम हो जाये तब यह बहुत उपयोगी दवा है। क्रोटेगस क्यू की 10 बूँद दिन में दो बार लेने से दिल की धड़कन ठीक होती है।

- (h) **बेलाडोना 200, 1000**- सिर में चक्कर, आँखों में लाली, कनपटियों में टपकने जैसा दर्द होता हो।
- (i) **कोनियम 200**- मस्तिष्क में बहुत ही कमजोरी महसूस होती हो, खड़े होने पर पैर काँपते हों, सिर में भारीपन महसूस होता हो।
- (j) **ग्लोनापिन 200, 1000**- आँखों में चिंगारियाँ, श्वास कष्ट हृदय की धड़कन, धूप में रोग का बढ़ना।
- (k) **हीमोटोक्सी लोन**- छाती में जकड़न, उक्त दवा 3X शक्ति की लेनी चाहिए।

नोट- शवासन उच्च रक्तचाप में बहुत ही सहयोगी आसन है।

2. निम्न रक्तचाप (Low Blood Pressure)

जब हृदय से धमनियों में प्रवाहित रक्त का दबाव कम होने लगता है और सामान्य से भी कम हो जाता है, तब इसे निम्न रक्तचाप कहते हैं। इसमें मितली महसूस करना, कम्पन की अनुभूति तथा कभी-कभी बेहोशी की भी संभावना होती है। होमियोपैथी में विस्कम एल्वम, डिजीटेलस एड्रीनेलीन 6 निम्न रक्तचाप की उत्तम औषधियाँ मानी गयी हैं। कम रक्तचाप में मरीज को तुरन्त लिटा दें, सिर को तकिया न लगायें।

- (a) **चायना 30**- रक्त दस्त उल्टी का स्राव अधिक हो जाने पर इसका प्रयोग करें।
- (b) **कार्बोवेज 6, 30**- दुर्बलता, पेट में गैस, खुली वायु का ज्यादा पसन्द होना।
- (c) **नेट्रम म्यूर 30**- धूप सहन नहीं होती है। ज्यादा नमक खाने की इच्छा होती है।
- (d) **कैलकेरिया फास 6**- वृद्ध लोगों की कमजोरी में निम्न रक्तचाप की बढ़िया दवा है।
- (e) **विस्कम एलवम 6**- नब्ज धीमी, दिल पर बोझ-सा रखा मालूम पड़ता है।
- (f) **क्रैक्टस ग्राण्ड फ्लोरम 6**- लेटने पर भी चक्कर का आना, हृदय को जकड़ लेने जैसी अनुभूति का महसूस होना।

3. हृदय शूल (Angina Pectoris)

कुछ समय के लिए हृदय में तेज दर्द महसूस होता है, जो हाथों तक जाता महसूस होता है। हृदय सिकुड़ता हुआ महसूस होता है और दम घुटने लगता है।

उपचार

(a) **ग्लोनाइन 200**- यदि सिर में भी तेज दर्द उठ रहा हो।
(b) **टेवेकम 200**- यदि हृदय शूल शारीरिक परिश्रम अथवा किसी सदमा के कारण हो रहा हो।
(c) **अर्जेन्टम नाइट्रिकम 200**- जब खाना खाने के बाद हृदय शूल महसूस होता हो।
(d) **नाजा 200**- बायें हाथ का सुन्न सा हो जाना।
(e) **स्पाईजिलिया 200**- बायीं ओर तीव्र दर्द होता हो, तेज धड़कन।
(f) **डिजिटेलिस 30**- धीमी नाड़ी बेहोशी सी हालत, आँख, नाखून नीले पड़ना।

19

मधुमेह (Diabetes)

मधुमेह दो शब्दों की सन्धि से बना है जिसका अर्थ है मधु (शहद) अथवा शक्कर के समान मूत्र का विसर्जित होना। मधुमेह को डायबिटीज कहते हैं। प्रत्येक मनुष्य के रक्त में 100 घन सेन्टीमीटर में 80–120 मि. ग्राम तक शक्कर रहती है। शरीर में शक्कर को ग्रहण करने की लिए इन्सुलिन की जरूरत होती है, जब इसकी उचित मात्रा नहीं होती है तो शरीर शक्कर को ग्रहण नहीं कर पाता है और शक्कर मूत्र के साथ अधिक मात्रा में निकलने लगती है। यही मधुमेह है यह दो प्रकार का होता है।

1. शर्करायुक्त (Diabetes Melitus)
2. शर्कराहीन (Diabetes Insipidus)

होमियोपैथी की दवाइयाँ इस रोग में बहुत ही असरदार एवं लाभकारी होती है।

उपचार

(a) **सिजियम जम्बोलीनिम Q**– मूत्र में शर्करा की अधिक मात्रा, शारीरिक दुर्बलता, सिर में चक्कर आना, मुँह और त्वचा शुष्क।

(b) **लैक्टिक एसिड 30**– बहु मूत्र के साथ जोड़ों में दर्द।

(c) **नेट्रम फास 30**– अत्यधिक मूत्र स्राव, इसे सोते समय लें।

(d) **नेट्रम सल्फ 30**– रक्त दोष दूर करने हेतु।

(e) **फॉस्फोरिक एसिड 30**– मूत्र में फॉस्फेट और आक्सलेट विद्यमान होते हैं, शरीर में कमजोरी, थकान और दर्द होता है।

(e) **आर्सेनिक एलवम 30**– ठण्ड अधिक लगती है, गर्म पदार्थों से आराम मिलता है, त्वचा और मुँह सूखा रहता है।

(f) **अर्जेन्टम नाइट्रिकम 200**– खुली हवा अच्छी लगती है, रोगी शंकालु, भयभीत, उत्सुक, कार्य में शीघ्रता करने की आदत।

(g) **यूरेनियम नाइटिकम 3X**– मूत्र मार्ग में अधिक जलन का होना, भूख का अधिक होना, अनजाने में पेशाब होना।

(h) **रस ऐरोमिटेका 30**- यह बहुमूत्र के लिए विशेष लाभकारी औषधि है।

(i) **सेफालेण्ड्रा इण्डिका**- हाथ-पैरों की जलन, पित्त की अधिकता दर्द तथा अतिसार, यह भी मधुमेह की प्रसिद्ध औषधि है।

ध्यान रहे कि कोई भी होमियोपैथी दवा लेने के आधा घंटा पहले और तुरन्त बाद में कुछ भी न खायें।

20

बच्चों के रोग (Diseases of Children)

1. कीड़े (Worms)

(a) **सिना 3X, 30**- नींद में दाँत पीसना, मीठी चीजें खाने की इच्छा, चेहरा पीला, नाभि के पास ऐंठन, मलद्वार में खुजली।

(b) **कैलकेरिया कार्ब 6, 30**- मलद्वारा में खुजली नाभि की ओर दर्द, चेहरा पीला।

(c) **चेनोपोडियम 3X, 30**- चिपटे तथा गोल दोनों तरह के कृमियों के लिए असरदार दवा है।

(d) **क्यूकविटापेपो 3**- लम्बे कृमियों को बाहर करने के लिए 5 बूँद की खुराक दिन में 3-4 बार देना चाहिए।

(e) **नेट्रम फास 3X, 30**- सब तरह के कृमि के उपचार हेतु असरदार दवा नाक कुरेदना, दाँत कड़कड़ाना तथा मलद्वार में खुजली।

(f) **ग्रेनट्रम 3X, 30**- नाक और मलद्वार में खुजली, नाभि के पास दर्द।

(g) **मर्कसोल 6, 30**- पतले दस्त, हमेशा खाते रहने की इच्छा, लार का निकलना, मलद्वार में तकलीफ।

(h) **स्पाइजिलिया 6, 30**- मुख से बदबू, नाभि के पास दर्द, सूत की तरह लम्बे बारीक कीड़े।

2. बिस्तर में पेशाब करना (Enuresis Bed witting)

(a) **सीपिया 20**- प्रथम निद्रा में ही इच्छा पेशाब कर देता है बदबूदार पेशाब, दुबला पतला बच्चा।

(b) **थूजा 100**- टीका लगने के बाद यदि बिस्तर गीला करने लगे।

(c) **क्रियोजोटम 200**- प्रथम निद्रा में बिस्तर पर पेशाब कर देना।

(d) **कास्टिकम 200**- मूत्राशय की नलियों का कमजोर होना।

(e) **मूलेन आयल Q-** यह भी इस रोग में बहुत ही असरकारी है।

3. मन्द बुद्धि बच्चे (Mongol Children)

ऐसे बच्चे आरम्भ से ही बहुत कम बुद्धि वाले होते हैं। आँखें अण्डाकार और फैली हुई होती हैं। ललाट चौड़ा तथा चपटा होता है। दृष्टि में तिरछापन या भैंगापन होता है। इनका शारीरिक और मानसिक विकास अवरुद्ध होता है। इनके शारीरिक और मानसिक विकास हेतु होमियोपैथिक दवाओं की भी सहायता लेना श्रेयस्कर होता है। इस सम्बन्ध में निम्नलिखित तीन दवायें उपयोगी मानी गयी है।

(a) **नेट्रम म्यूर 30-** बच्चा यदि देर से बोले, कभी रोता है कभी हँसता है, चिड़चिड़ापन बहुत होता है और दुबला होता जाता है।

(b) **कैलकेरिया कार्ब 30-** यदि बच्चा देर से चलना प्रारम्भ करे, मोटा थुलथुला, सिर और पेट बढ़ा हुआ गर्दन और पैर पतले होते हैं।

(c) **बेराइटा कार्ब 6, 30-** बच्चे में शारीरिक और मानसिक विकास अवरुद्ध होते हैं, देर में चलना तथा देर में बढ़ना उसके प्राथमिक लक्षण होते हैं। हर काम देर से करने की आदत होती है।

21

मानसिक रोग (Mental Diseases)

आधुनिक युग में मानसिक रोगों में बड़ी ही तेजी से हो रही है। यह पुरुषों तथा स्त्रियों में तेजी से बढ़ रहा है। इसकी तेजी की दशा का कारण प्रमुख रूप से हमारी गलत जीवनशैली तथा गलत खान-पान है। हमारा सामाजिक ढाँचा काफी हद तक सीमित और संकुचित हो गया है और हममे श्रेष्ट गुणों जैसे दया, प्रेम, करुणा, मित्रता एवं सौहार्द जैसे गुणों का अभाव होता जा रहा है। इसके कारण मानसिक रोगों में अतिवृद्धि होती जा रही है। हम यहाँ प्रमुख मानसिक रोगों तथा उसके लिए असरदार होमियोपैथी की दवाओं का वर्णन कर रहे हैं।

(a) **अवसाद (Depression)**- ऐसे व्यक्ति में सोचने में कठिनाई होने लगती है, उसमें निराशा की प्रवृत्ति की बढ़ोत्तरी हो जाती है। रोगी चुप और शान्त रहता है। उसका चेहरा उदास, भावहीन, अस्थिर और अवसाद से घिरा हुआ होता है। वह अपनी आयु से बड़ा मालूम होता है तथा चलना, फिरना, दौड़ना भागना इस प्रवृत्ति से विरत रहता है। ऐसे रोगी में कई भ्रम भी पाये जाते हैं जैसे-

(b) **रोगी भ्रम (Hypochondriac)**- ऐसे व्यक्ति में अपने स्वास्थ्य एवं अपने रोगों की वृद्धि के सम्बन्ध में चिन्तायें बहुत ही अनावश्यक रूप से बढ़ जाती है। ठीक होने के बाद भी वह सोचता है कि वह ठीक नहीं है। उसके स्वास्थ्य में कहीं कोई गड़बड़ी जरूर है।

(c) **स्वयं को अपराधी मानने की प्रवृत्ति**- ऐसा व्यक्ति बात-बात में अपने को अपराधी एवं स्वयं को उत्तरदायी मानने लगता है। जैसे मैं पापी हूँ, मैं बुरा हूँ, समाज के लिए बोझ हूँ।

(d) **आकुलता (Anxity) का बहुत अधिक होना**- उदासी के कारण उसमें आकुलता भी बहुत अधिक होती है। चिड़चिड़ा, अजनबीपन का भाव, हीनता का भाव अधिक रहता है। ऐसा रोगी सबके प्रति शंकालु हो जाता है। हर व्यक्ति को वह अपना शत्रु-सा मानने लगता है, वह सोचता है

कि कोई व्यक्ति उसका पीछा कर रहा है अथवा हानि पहुँचाने की चेष्टा कर रहा है। ऐसे व्यक्ति सदा काल्पनिक भय के शिकार रहते हैं।

इस रोग की प्रमुख दवाइयाँ

(a) **इग्नेशिया 200, 1000-** प्रेम में असफल होने से उदासी, अपमान, किसी निकटतम सम्बन्धी की मृत्यु, अपना दुःख दूसरों से प्रकट न करना।

(b) **सीपिया 1000-** अरुचि की भावना, मित्रों परिवारजनों, सम्बन्धियों एवं स्वयं के जीवन के प्रति अरुचि का भाव, कामवासना की कमी, ऐसी स्त्री विषाद से भरी हुई होती है तथा सोचती है कि वह कभी रोग मुक्त नहीं हो सकेगी।

(c) **लेकेसिस 200-** ऐसी महिलायें माहवारी बन्द होने के पश्चात् उदासी से ग्रस्त हो जाती है। उसे किसी काम में मन नहीं लगता है। जिन्दगी से थका-थका अनुभव करती है। उनमें आत्महत्या की प्रवृत्ति भी पायी जाती है।

(d) **नेट्रम म्यूर 200, 2000-** रोगी रोना तो चाहता है पर रोने में असमर्थ सा होता है। एक बात को बार-बार सोचता है। प्यास अधिक, ठण्ड अधिक लगना, खुली हवा प्रिय, अनिर्णय की भावना।

(e) **कैलकेरिया कार्ब 200-** छोटी-छोटी बातों के बारे में हमेशा सोचते रहना। नींद की कमी, परिवार के प्रति उदासीन, भयभीत रहना।

(f) **एसिड फास 30, 200-** अति संताप तथा पीड़ा के फलस्वरूप रोगी भारी विरक्ति का शिकार होता है। किसी कार्य में रुचि नहीं होती, स्मरण शक्ति की कमी होती है।

(g) **एनाकार्डियम आरियेन्ट 200-** बुढ़ापे में उदासी और घोर शिथिलता, बार-बार खाना खाने की आदत बुढ़ापे में होना, आशंका से भरा व्यक्ति मानो कोई उसका पीछा कर रहा हो।

(h) **पल्सेटिला 1000-** भावुकता का आधिक्य ऐसे व्यक्ति बात-बात पर रोने लगते हैं।

(i) **कालीफास 6X-** कार्य सम्बन्धी उपेक्षाओं और चिन्ताओं से ग्रस्त व्यक्ति, निरन्तर उदासी बनी रहती है।

(j) **मास्कस 30, 200-** रोगी कष्ट की तो बात करता है, पर खोजने पर उसके रोग और कष्ट का पता नहीं चल पाता है।

(k) **औरममेट 200, 100-** आत्महत्या की तीव्र इच्छा, चिड़चिड़ापन, अपने को निरन्तर दोषी एवं गुनाहगार मानना तथा धिक्कारना।

2. खण्डित मानसिकता (Schizophrenia)
इस रोग में होमियोपैथी की दो दवायें विशेष उपयोगी होती हैं।

(a) **नेट्रम म्यूर 1000-** रोगी एक ही बात को बार-बार दोहराता रहता है। प्यास की अधिकता, नमक खाने की तीव्र इच्छा का होना।

(b) **एनाकार्डियम ओरिऐण्टल 200-** रोगी को विरोधी भावनाएँ घेरे रहती हैं। एक भावना उसे किसी काम को करने को प्रेरित करती है। जबकि दूसरी भावना काम करने को रोकती है, वह खण्डित मन वाला होता है।

3. मिर्गी (Epilepsy)
यह एक मानसिक रोग माना जाता है। इसमें प्रायः स्मृति लोप हो जाती है। शून्यता का भाव पसीना आना, लार गिरना, मूर्च्छा, मुँह से वस्तु का गिर जाना तथा लड़खड़ाते हुए जमीन पर गिर पड़ना, इस रोग के प्रमुख लक्षण हैं।

उपचार

(a) **ओपियम 30-** भय के कारण मिर्गी।

(b) **होपोसायमस 200-** चीख के साथ एकाएक मिर्गी की दौरा।

(c) **कुप्रेम मेट 6, 30, 200-** सोये रहने पर मिर्गी का दौरा। अचानक दौरा आने पर चीख के साथ गिर पड़ना, मुँह में झाग, होंठ नीले, तेज दर्द, निम्नशक्ति की दवा से धीरे-धीरे उच्चक्रम की दवा दें।

(d) **औनेन्या क्रोकेटा 12, 30-** एकाएक एवं पूर्णतः अचेतनपन, मुँह से झाग, चेहरा पीला, हाथ-पैर ठण्डे।

(e) **इग्नेशिया 200 1M-** भय, शोक तथा प्रियजनों के बिछोह आत्मग्लानि एवं प्रेम में धोखा, बच्चों को मारने-पीटने पर दौरे।

(f) **सिमिसीफ्यूगा 200-** मासिक धर्म के दिनों में मिर्गी का दौरा पड़ना।

(g) **कालीवार्ड क्रोम 200-** अमावस्या के समय मिर्गी के दौरे।

(h) **साइलेशिया 1M, 10M-** पूर्णिमा या इसके आसपास मिर्गी आना।

(i) **साइक्यूटा विसेसा 200-** भयभीत होने से सिर में चोट मिर्गी आना, चिल्लाना, घिघियाना, कराहना, जबड़े अकड़ना आदि लक्षणों में दौरे।

4. उन्माद या मूर्च्छा (Hysteria)

यह पुरुषों की अपेक्षा स्त्रियों में अधिक पायी जाती है। इसमें भी अकसर मिर्गी के समान दौरे पड़ते हैं। केवल अन्तर इतना होता है कि मिर्गी में चेतना नहीं रहती, जबकि इसमें रहती है। अविवाहित युवतियों में इस बीमारी का होना प्रायः अधिक पाया जाता है। इसमें स्त्री बेहोश होकर काँपने लगती है। शरीर अकड़ने लगता है। हिस्टीरिया रोग में प्रायः आसक्ति और कामवासना का दमन भी कारण बन जाता है।

उपचार

(a) **कानियम 1000**- अविवाहित स्त्रियों तथा ऐसी स्त्रियाँ जो तलाकशुदा होती हैं। उनमें कामवासना के दमन के कारण उत्पन्न हिस्टीरिया में।

(b) **प्लेटिना 200**- दूसरों को घृणा से बार-बार देखने के कारण।

(c) **इग्नेशिया 200**- प्रेम से वंचित होना, कामेच्छा का दमन, हिचकी, उल्टी, निराशा, रोना।

(d) **नेट्रमम्यूर 1M**- मासिक धर्म देर से या कम आने पर दौरा पड़ना, पसीना आने पर रोग का घटना।

(e) **कालीफास 30, 6X**- भावुकता या घबराहट के कारण दौरा पड़ना।

(f) **बेलाडोना 1000**- थरथराहट, जलन, गर्मी, लाली, भूतप्रेत का डर।

(g) **मास्कस 200**- बार-बार मूर्च्छा का होना, हृदय में धड़कन का अधिक होना।

5. पागलपन (Insanity)

इस बीमारी में भी होमियोपैथी की दवाओं का बहुत असर देखा गया है। इस रोग में इसकी प्रमुख दवायें निम्न हैं-

(a) **हायोसायमस 200, 1 एम**- गुप्तांगों पर हाथ रखना, बार-बार नंगा हो जाना, हँसना, चिल्लाना, बहकी-बहकी बातें करना, ईर्ष्यालु, शंकालु, औषधियों का सेवन नहीं करना चाहता है, बड़बड़ाता रहता है। काल्पनिक शत्रुओं को दूर भागने की चेष्टा करता है।

(b) **थूजा 1000**- टीका (Vaccination) के दुष्प्रभाव के परिणाम स्वरूप पागलपन होने पर।

(c) **कैनाविस इण्डिका**- हँसना आरम्भ करे तो हँसता ही रहता है। अँगुलियाँ नचाता रहता है। आनन्ददायक बातों में रुचि, दूरी और समय का ज्ञान बिल्कुल नहीं।

(d) **स्ट्रामोनियम 200-** अति क्रोधित स्वभाव वाला, मौत का हमेशा डर, सदा हँसता रहता है। सौगन्ध बहुत खाता है। कपड़े फाड़ देना, सीटी बजाने जैसी हरकतें करता है।

(e) **एनाकार्डिएम 1000-** बात-बात पर सौगन्ध खाने की आदत से ग्रस्त।

(f) **प्लेटीना 1000-** अपने को बहुत बड़ा सोचे तथा दूसरे को बहुत छोटा समझे, अति घमण्डी स्वभाव वाला, भ्रान्तियों से घिरा हुआ।

(g) **सल्फर 1000-** गन्दे और फटे कपड़े पहनकर सोचना कि बहुत अच्छे कपड़े पहिने हुए है।

(h) **बेलाडोना 1000-** तीव्र उन्माद की दशा जोर-जोर से हँसना-रोना, अत्यन्त क्रोधी, आक्रामक, तोड़-फोड़ दूसरों पर थूकना, कुत्ते जैसा भौंकना।

6. आत्महत्या की प्रवृत्ति

अत्यन्त कल्पनाशील एवं भावुक स्त्रियों तथा पुरुषों दोनों में आत्महत्या करने की प्रवृत्ति पायी जाती है। मानसिक तनाव, आर्थिक समस्यायें, उदासी चिन्ता, बेचैनी चिड़चिड़ापन इस बढ़ती समस्या के प्रमुख कारण होते हैं।

(a) **इग्नेशिया 200-** भीषण अवसाद, दुःख शोक निराशा, रिक्तता की भावना, बेचैनी बीड़ी-सिगरेट का धुँआ बर्दाश्त नहीं, रोगी रूआंसा सा रहता है। बेचैनी उक्त औषधि 200 की तीन खुराक सप्ताह में दो बार दें।

(b) **एटिम क्रूड 30-** नहाना अच्छा नहीं लगता, चिड़चिड़ापन गर्मी बर्दाश्त नहीं, बात-बात में चिड़चिड़ापन, दूसरों की बातें बर्दाश्त नहीं होती है। 30 शक्ति की 3-4 गोलियाँ दिन में तीन बार दें।

(c) **मेटालिकम औरम-** अत्यन्त प्रभावी दवा है। जीवन में निराशा आत्मघात की प्रवृत्ति, परीक्षा में असफल, प्रेम में असफल होने, पति की मृत्यु पर गहन निराशा में यह आत्मघात की प्रवृत्ति धीरे-धीरे सूक्ष्म शरीर में प्रवेश कर जाती है और परिस्थितियाँ उत्पन्न होते ही व्यक्ति तत्काल आत्महत्या की ओर प्रवृत्त हो जाता है। आत्मघात की प्रवृत्ति के उपचार में यह सर्वोत्तम दवा है।

अन्त में....

हम आशा करते हैं कि प्रस्तुत पुस्तक में होमियोपैथी द्वारा रोगों का इलाज आपकी सम्पूर्ण जिज्ञासाओं का समाधान हो गया होगा। अपनी अन्य जिज्ञासाओं के समाधान हेतु आप हमारे यहाँ से प्रकाशित कोई दूसरी पुस्तक लेकर अपने ज्ञान में वृद्धि कर सकते हैं।

www.ingramcontent.com/pod-product-compliance
Lightning Source LLC
LaVergne TN
LVHW051158080426
835508LV00021B/2692
9789350576519